스파이 외전 2

스파이 외전 2_운동권 카르텔 해체 프로젝트

펴 낸 곳 투나미스

발 행 인 유지훈

지 은 이 민경우©

프로듀서 류효재 변지원

기   획 이연승 최지은

마 케 팅 전희정 배윤주 고은경

초판발행 2024년 07월 10일

주   소 수원시 권선구 서호동로14번길 17-11

대표전화 031-244-8480 | 팩스 031-244-8480

이 메 일 ouilove2@hanmail.net

홈페이지 www.tunamis.co.kr

I S B N 979-11-90847-51-3 (03910) 종이책

I S B N 979-11-90847-52-0 (05910) 전자책

스파이 외전
II

운동권 카르텔 해체 프로젝트

DISMANTLE THE CARTEL

민경우 지음

O 참고 등장인물

박 용	일본 조총련 정치국장(범민련 공동사무국 사무부총장)
안경호	범민련 북측본부 의장이면서 통일전선부 부부장. 8명의 부부장 중 한 사람으로 북한 대남사업 실세 중 한 사람이었다.
오종렬	전국연합 상임의장
이종린	범민련 남측본부 의장
한호석	조국통일범민족연합 재미본부 사무국장, 북미주조국통일동포회의 집행위원, 자주민주통일미주연합 부의장, 민주노동당미주후원회 대표, 6·15공동선언실천 해외측 위원회 부사무국장으로 활동한다.
장기표	1989년 전국민족민주연합 사무처장, 1990년 재야운동의 제도권 진입을 목표로 이재오, 김문수 등과 함께 민중당을 창당, 1992년 제14대 국회의원 총선거에 출마(서울 동작갑)했다가 낙선한다.
김근태	1960년대 무렵에 학생운동을 주도하여 손학규, 조영래와 함께 '서울대 운동권 3총사'로 통했다.
이재오	1990년 김문수, 장기표 등과 함께 민중당 창당에 참여, 민중당 사무총장에 선출되고 1992년 48세에 제14대 총선에서 서울 은평구 을에 출마했으나 3위로 낙선한다.
이부영	1989년에 김근태, 이재오, 장기표 등과 함께 전국민족민주운동연합을 조직하여 상임의장이 되었으나 문익환 방북 건으로 다시 체포되어 복역했다. 1990년에 3당합당에 반대한 이기택, 노무현 등이 창당한 민주당에 입당하며 정계에 입문했다.
백태웅	1984년 학도호국단 총학생장에 당선되어 학원민주화 및 사회민주화 운동을 이끌었고 학생자치조직으로서의 직선제 총학생회 건설을 주

도했다. 이후 서울대 프락치 사건에 연루돼 1년간 징역을 살았으며 석 방 후 서울 구로 독산 지역에서 노동운동에 참여, 1989년 박노해와 남한사회주의노동자동맹(사노맹)을 조직했다.

박노해 공개적인 노동자 정치조직 '서울노동운동연합(약칭 서노련)'을 창립하 여 중앙위원으로 활동했다. 서노련이 정권의 탄압으로 와해되자 백태 웅 전 서울대 총학생회장과 함께 1989년 비공개 지하조직인 '남한사 회주의노동자동맹(약칭 사노맹)'을 결성했다.

황인오 전 조선노동당 중부지역당 총책

마이클 장 성대 81학번으로 82년에 미국으로 유학을 했다가 미국에서 북한에 포 섭된 것으로 보인다. 89년 밀입북한 이후 3차례 방북한 것으로 되어 있다. 마이클 장이 일심회 조직에 성공한 것은 2001년 정도이다. 2001 년 그는 과거 동료, 회사직원을 포섭하여 지하 간첩조직을 결성했다.

이석기 2012년 5월, 통합진보당 비례대표로 제19대 국회의원으로 낭선되었 으나, 통합진보당 내란음모 수사 사건으로 인해 구속 수감되었다.

강성희 72년생 외대(용인 캠퍼스) 출신으로, 20대 때부터 현대자동차 전주공 장 비정규직 활동을 한 것으로 되어 있다. 경력만 봐도 경기동부의 적 자라 할 만한 인물이다. 아직은 지켜봐야겠지만 강성희의 당선은 경 기동부 또는 주사파가 다시금 관심의 대상이 될 것임을 예고한다.

단병호 1998년 10월에는 1997년의 민주노총 총파업을 주도한 혐의 등으로 구속되었다. 징역 1년을 선고받았으나 1999년 광복절 특사로 형 집행 이 정지된다. 출소 직후인 1999년 8월 29일에 민주노총 제3기 위원장 에 당선되었다.

양경수 2001년 한국외대 용인캠퍼스 총학생회장이 되었다. 경기인천지역 총학 생회연합(경인총련) 의장으로 활동하면서 한총련 대의원을 3년 동안 지 냈으며 2021년 1월에 제10기 민주노총 위원장으로 당선, 민주노총 역 사상 최초로 비정규직으로 위원장이 된 인물이다.

오길남   아내와 두 딸을 데리고 월북했다가 혼자 탈북한다. 그는 북한 정권에 가족의 송환을 거듭 요구했으나 번번이 거절당한다. 20여 년이 흐른 2011년, 북한 정권은 아내의 사망 사실과 두 딸의 거절 의사를 통보했다.

박헌영   해방 이후 북한에서 남조선노동당 부위원장, 북한 정권 부수상, 외상 등을 역임한 사회주의운동가. 1953년에 김일성에 의하여 남로당계 숙청이 감행되면서 8월 3일 체포되어 평안북도 철산군 내의 산골에 감금되어 고문을 받았다. 1955년 12월 15일 미국의 첩자·정부 전복 음모 등의 죄목으로 사형을 언도받고 처형되었다고 한다.

김정강   59년 서울대 정치과에 입학하여 좌경학생 서클인 신진회에 가입, 비밀리에 공산주의를 연구했으며 61년에는 서울대 민통련 조직의 핵심 분자로 활동했다.

김남식   1962년 12월, 공작원으로 남파된 직후 이듬해 1월 대전에서 검거되었다.

신영복   1968년 북한과 연계된 지하당 조직 통일혁명당 사건으로 무기징역을 받아 구속되었다가 전향서를 쓰고 1988년 특별 가석방으로 20년 20일만에 출소했다.

김남주   유신을 반대하는 언론인 「함성」을 발간했고 인혁당 사건, 남민전 사건으로 투옥되었으며, 민청학련 사건의 관련자로 지목되어 고초를 겪었다. 1980년 남민전 사건 조직원으로 징역 15년을 선고받고 수감되었다가 1993년 2월 문민 정부 출범 이후 대통령의 특별 지시로 석방되었다.

홍세화   서울대학교 외교학과 학사 학위 이후, 1979년 남민전 사건에 연루되어 프랑스로 망명했다가 2002년 한국으로 영구 귀국하여 언론인, 작가, 교육인 등으로 활동했다.

안재구   2013년에 국내 진보단체 등의 동향을 작성하여 대북 보고문 형태로 소지하여 국가보안법 위반 혐의로 불구속 기소 되어 서울중앙지방법원에서 징역3년 자격정지3년 집행유예 4년을 선고받았다.

리영희	1957년 『합동통신』의 외신부 기자로 언론인이 된다. 1964년 「남북한 동시 유엔 가입 검토 중」이라는 기사를 써 반공법 위반 혐의로 구속되어 2심에서 선고유예를 받았다. 1972년 한양대 교수로 임용된 이후에도 1976년과 1980년에 각각 두 차례 해직을 당했다. 첫 저서는 『전환시대의 논리』이다.
박종철	대한민국의 민주운동가, 학생운동가. 이한열과 더불어 6월 항쟁의 도화선이 된 인물이다.
문익환	1980년대 중반 재야 민주세력 결집체인 1985년 3월 29일 민주통일민중운동연합 의장으로 선출되었다. 1986년 5월 20일 서울대학교 5월제에서 연설하던 중 이동수 학생의 분신 투신으로 구속되었다가 1987년 7월 8일 형집행 정지로 출옥했다.
백인준	범민련 북측본부 의장

O 주요 단체 ────────────────

한민전	북한 당국이 '한국민족민주전선'의 명의로 자칭 "서울에서 라디오 방송을 송출하고 있다"라지만 송출시설은 사실 북한 황해남도 해주시에 있었다. 방송의 전신은 '남조선해방민족민주련맹방송'과 '통일혁명당방송'이었다. 「구국의 소리」 방송은 지금의 대남방송인 「통일의 메아리」의 전신이기도 하다.
왕재산	북한 대남공작 담당인 노동당 225국의 지령을 받아 남조선 혁명을 목적으로 2003년경 결성된 반국가단체이다.
자민통	자주·민주·통일의 약어로 주사파를 대중적으로 부르는 명칭

통일전선부 범민련 같은 통일운동 단체를 관장하는 노동당의 부서.

범민련 조국통일범민족연합, 1990년 문익환 목사 등 당시 여러 민주화, 통일 운동가들이 만든 단체이나 북한에서는 김일성이 세웠다고 주장하는 단체. 그러나 북한에서 미화하는 것처럼 1990년대 초반부터 조금씩 친북 성향을 보였고, 1993년 문익환 목사 지지 세력이 새로운 통일운동 단체를 만들고 나가면서 현재는 종북성향을 지닌 단체가 되었다.

중부지역당 충북, 충남, 강원 등 3개 도당 및 북한 방송을 청취해 지하 유인물을 만들어 배포하는 편집국 등으로 구성되었으며 핵심인 강원도당은 핵심 전위조직인 애국동맹 아래 8·28 학생동맹, 5·1 노동동맹, 11·11 농민동맹 등 부문별 대오를 두고 노동동맹 아래 여러 개의 '돌격 소조'와 '세포' 조직, 「구국의 소리」 방송팀 등이 있고, 산하조직으로 '95년위원회' 등이 포진하는 식의 조직체계를 갖추었다.

조총련 재일조선인 중 좌익 계열이 세운 단체. 이 단체의 구성원은 대한민국이 아닌 조선민주주의인민공화국을 조국으로 여긴다. 따라서 북한식 표기법대로 북한을 공화국, 대한민국을 남조선으로 칭하는 경우가 대부분이다. 조총련은 중국에게 우호적인 경우도 매우 많은 단체다. 북한은 조총련을 조선민주주의인민공화국 해외공민조직이라고 규정한다.

전국연합 3개 지역조직(인천·경기동부·울산) 등으로 구성된 남한 주사파 운동의 실세였다. 북한이 남한에 주사파에 대해 하고 싶은 말이 있다면 전국연합을 파트너로 삼는 것이 적합했다.

한총련	1993년 기존 전국대학생대표자협의회(전대협)을 계승하자는 취지로 전북대학교에서 창립대의원대회를 갖고 고려대학교에서 8만여 명이 모인 가운데 출범했다.
민노당	2000년 1월 30일에 창당해 2011년 12월 5일 해산된 대한민국의 진보정당. 1997년에 '민중 후보' 권영길의 15대 대선 출마를 앞두고 세워진 진보정당 '건설국민승리21'을 전신으로 하고 있다.
민혁당	'주사파의 대부'이자 강철서신으로 유명한 김영환이 1989년 2월 출소 후 가입한 반제청년동맹(반청)의 후신이다. 반청은 준비위원 하영옥, 이석기, 박금○, 김○운, 김○희 5인으로 구성되었으며 이석기는 준비위원이 그대로 중앙위원이 되는 것이 모양새가 안 좋다며 스스로 하방하고 대신 준비위원 4명에 김영환이 포함된 중앙위원으로 구성되었다.
민통련	민주통일민중운동연합, 약칭 민통련은 1985년 3월 29일 민주통일국민회의와 민중민주운동협의회가 통합하여 결성된 대한민국 시민단체이다. "운동의 통일, 통일을 바라는 민중의 뜻을 받들어 두 단체가 시대적 사명감으로 자발적으로 통합했다"고 통합선언문에서 밝히며 1980년대 중반 재야 민주세력 결집체로 등장했다. 의장은 문익환이다.
사노맹	남한사회주의노동자동맹. 사회주의 건설을 위한 계급투쟁을 선동하는 유인물, 대자보를 중심으로 하여 조직되었다. 사노맹 사건으로 백태웅은 반국가단체 구성으로 무기징역을, 은수미는 6년형을 선고받았으며 울산대학교 법학 교수인 조국은

교수로서는 처음으로 국가보안법 위반으로 구속되었다.

통합진보당 2011년부터 2014년까지 존재했던 대한민국의 진보주의 정당이다. 2014년 12월 19일 대한민국 헌법재판소가 위헌정당 해산제도를 최초로 적용하여 강제 해산되었다.

경기동부연합 대한민국의 NL계열 운동권 정치 집단. 흔히 경기동부로도 불린다. 2014년에 해산된 통합진보당과 현재의 진보당을 실질적으로 주도하고 있다. 경기동부연합에서 이석기를 비롯한 핵심 세력은 지하조직인 민혁당에서 활동하였기에 NL계열 중에서도 강한 친북적 경향을 띠는 편이다. 통합진보당 내에서 광주전남연합과 행보를 같이했기에, 광주전남연합을 포함하여 통합진보당 당권파(범경기동부연합)라고 부르기도 한다.

구국학생연맹 대한민국 최초의 자생 주사파 조직 서울 법대 82학번 김영환이 만들었고 86년 건대사태를 계기로 깨진다. 김영환은 출소 이후 북한을 방문하고 민혁당을 만드는데 이때 민혁당의 뿌리도 구학련 또는 서울대 주사파이다.

조통그룹 연대를 기반으로 한 조통그룹은 임수경 방북을 추진했던 것으로 알려져 있다. 조통그룹이라는 명칭은 수사 과정에 편의적으로 지어진 이름이다.

남총련 1987년 전대협 결성 당시 '광주전남지역대학생대표자협의회(남대협)'으로 창설한 게 시초이며 1992년에 전대협이 한총련으로 발전적 해체하기 전 남총련으로 변경했다.

인노회 인천부천노동자회(인노회)는 1980년대 후반에 활동한 노동운동 단체로, 1989년 전두환 집권 당시 많은 회원이 국가보안법 위반 혐의로 체포되었으나, 2014년 대법원은 인노회가 이적단체가 아니라고 판결했다.

O 주요 사건

구국전위 사건   1994년 안기부, 국군기무사령부, 경찰청 등 3개 공안기관이 합동으로 6월 14일부터 착수해 조선로동당의 남조선 지하당인 구국전위 관련자 23명을 검거하고 총책 안재구 등 관련자 23명에 대해 형법상 간첩죄, 국가보안법상 반국가단체 구성, 회합·통신, 금품수수죄 등을 적용, 구속한 사건이다.

일심회 사건   2006년 10월 서울중앙지검이 일심회라는 단체를 조선민주주의인민공화국 공작원과 접촉한 혐의로 적발한 사건이다.

통진당 해산   2013년 11월 5일 대한민국 정부가 헌법재판소에 통합진보당에 대한 정당해산심판을 청구하여 헌법재판소에서 의결된 사건을 말한다. 2013년 11월 5일 대한민국 국무회의는, 법무부가 긴급 안건으로 상정한 '위헌정당 해산심판 청구의 건'을 심의·의결했다. 정부가 위헌정당 해산제도에 따라 정당에 대한 해산심판을 청구하는 것은 헌정 사상 처음이다.

건대사태   애학투련(애국학생투쟁연합)은 각 대학의 NL 학생회와 투쟁조직들을 다.모은 연합조직으로 86년 10월 말 건대에서 출범식을 가질 예정이었고 경찰들은 건국대를 포위하여 애학투련을 해산·와해시켰다. 이것이 유명한 건대 사태이다.

91년 5월 투쟁   대한민국을 뒤흔든 연쇄 분신 자살 사건. 1991년 4~5월 학생·노동자 8명이 연이어 분신하고 이외에도 경찰의 과잉 진압으로 3명이 사망했으며 의문사 1명, 분신 시도 후 생존자 1명, 6월 분신 자살자 2명 등의 인명 피해를 남겼다.

96년 연대사태   1996년 8월 13일부터 20일까지 한총련이 연세대학교 신촌캠퍼스 교정을 점거한 사건. 이 사건을 계기로 한국의 학생운동은 대중적 여론의 외면을 받고 사실상 몰락의 길로 접어들었다.

이석 치사 사건   1997년 6월 한양대학교 한총련 제5기 출범식장 근처를 지나가던 선반기능공 이석이 동료 학생 길소연, 권순욱, 이호준, 정용욱 등에 의해 구타당한 사건이다. 이석은 몇시간이 경과된 뒤 병원으로 옮겨졌으나 내상과 과다출혈로 이미 사망했다.

중부지역당 사건   1992년 대통령 선거를 앞두고 10월 6일 국가안전기획부가 "남로당 이후 최대 간첩단 사건"이라고 주장하며, 95여명을 간첩 혐의로 적발한 사건이다. 당시 안기부는 "남한 조선노동당" 가담자 95명을 적발해 이 가운데 조선노동당 중부지역당 총책 황인오 씨 등 62명을 구속하고 300여명을 추적 중이라고 발표했다.

민혁당 사건   1999년에 조선민주주의인민공화국의 지령을 받아 대한민국 내에서 지하 정당 활동을 하던 민족민주혁명당을 적발하여 그 구성원인 김영환, 하영옥, 이석기 등이 국가보안법 위반으로 체포되어 유죄판결을 받은 사건이다.

인혁당 사건   1960~70년대 중앙정보부가 "국가 변란을 목적으로 북한의 지령을 받는 지하조직을 결성했다"고 발표하여 다수의 혁신계 인사와 언론인·교수·학생 등이 검거된 사건. 2007년과 2008년 사법부의 재심에서 관련자 전원에게 무죄가 선고되었다.

○ 북한·운동권·대한민국·민경우의 자취

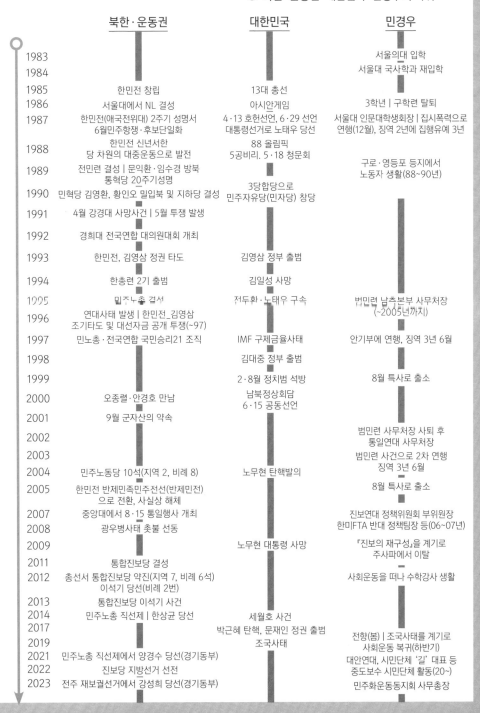

연도	북한·운동권	대한민국	민경우
1983			서울의대 입학
1984			서울대 국사학과 재입학
1985	한민전 창립	13대 총선	
1986	서울대에서 NL 결성	아시안게임	3학년 | 구학련 탈퇴
1987	한민전(애국전위대) 2주기 성명서 / 6월민주항쟁·후보단일화	4·13 호헌선언, 6·29 선언 / 대통령선거로 노태우 당선	서울대 인문대학생회장 | 집시폭력으로 연행(12월), 징역 2년에 집행유예 3년
1988	한민전 신년서한 / 당 차원의 대중운동으로 발전	88 올림픽 / 5공비리. 5·18 청문회	
1989	전민련 결성 | 문익환·임수경 방북 / 통혁당 20주기성명		구로·영등포 등지에서 노동자 생활(88~90년)
1990	민혁당 김영환, 황인오 밀입북 및 지하당 결성	3당합당으로 민주자유당(민자당) 창당	
1991	4월 강경대 사망사건 | 5월 투쟁 발생		
1992	경희대 전국연합 대의원대회 개최		
1993	한민전, 김영삼 정권 타도	김영삼 정부 출범	
1994	한총련 2기 출범	김일성 사망	
1995	민주노총 결성	전두환·노태우 구속	범민련 남측본부 사무처장 (~2005년까지)
1996	연대사태 발생 | 한민전_김영삼 조기타도 및 대선자금 공개 투쟁(~97)		
1997	민노총·전국연합 국민승리21 조직	IMF 구제금융사태	안기부에 연행, 징역 3년 6월
1998		김대중 정부 출범	
1999		2·8월 정치범 석방	8월 특사로 출소
2000	오종렬·안경호 만남	남북정상회담 / 6·15 공동선언	
2001	9월 군자산의 약속		
2002			범민련 사무처장 사퇴 후 통일연대 사무처장
2003			범민련 사건으로 2차 연행 징역 3년 6월
2004	민주노동당 10석(지역 2, 비례 8)	노무현 탄핵발의	
2005	한민전 반제민족민주전선(반제민전)으로 전환, 사실상 해체		8월 특사로 출소
2007	중앙대에서 8·15 통일행사 개최		진보연대 정책위원회 부위원장 한미FTA 반대 정책팀장 등(06~07년)
2008	광우병사태 촛불 선동		
2009		노무현 대통령 사망	『진보의 재구성』을 계기로 주사파에서 이탈
2011	통합진보당 결성		
2012	총선서 통합진보당 약진(지역 7, 비례 6석) / 이석기 당선(비례 2번)		사회운동을 떠나 수학강사 생활
2013	통합진보당 이석기 사건		
2014	민주노총 직선제 | 한상균 당선	세월호 사건	
2017		박근혜 탄핵, 문재인 정권 출범	전향(봄) | 조국사태를 계기로
2019		조국사태	사회운동 복귀(하반기)
2021	민주노총 직선제에서 양경수 당선(경기동부)		대안연대, 시민단체 '길' 대표 등 중도보수 시민단체 활동(20~)
2022	진보당 지방선거 선전		
2023	전주 재보궐선거에서 강성희 당선(경기동부)		민주화운동동지회 사무총장

왜 책을 내는가?

한국 민주화운동권의 중심은 4·19부터 시작된 대학생 운동이다. 한국
의 산업화가 확대되면서 청년 대학생들이 비약적으로 성장했고 90년대 이
후에는 각계각층으로 확산되어 2000년대 이후 약 20년간 사실상 한국
정치와 사회 곳곳을 장악하고 주도했다.

70년대 중반 대학생 사회는 저항적 민족주의와 전통 사회의 평등관,
막스·레닌주의와 마오주의 등을 결합하여 독특한 자신들만의 사상 및 세
계관을 형성하고 80년대 중반에는 마침내 주체사상에 이른다.

90년대 초반 사회주의가 붕괴되면서 명료한 정치적 언어로서의 급진주
의는 약화되었지만 권력의 궁극적 시원은 민중에게 있고 이들 민중이 부

패한 기득권층을 몰아내야 하며 사회변화의 최종 결론은 모두가 잘 사는 평등사회여야 한다는 생각은 거의 그대로 살아남았다. 그리고 이것이 2000년대 정치변동의 핵심이었던 촛불-문재인 정권-이재명 민주당 체제로 이어진다.

이 책은 민주화운동이 했던 긍정적인 성과를 보전·계승하면서도 그것의 부정적인 후과를 시정하려는 취지에서 기획되고 집필되었다. 민주화운동은 민주화운동이라는 하나의 측면과 사회주의·주체사상에 물들었던 또 다른 측면이 쌍생아처럼 결합되어 있었다. 90년대 청년 대학생들의 사회진출이 본격화되면서 그들은 민주화운동을 과대 포장하는 대신 그와 밀접하게 결합되어 있었던 부정적인 유산들을 하나둘씩 지워가기 시작한다.

그렇게 해서 최종적으로 모습을 드러낸 민주화운동은 80년대 민주화운동의 절정기에 필자가 직접 경험했던 모습과 많이 다르다. 마치 다큐를 찍은 것처럼 사실적으로 묘사했다는 영화 「1987」을 보면서 내가 느꼈던 당혹감과 어색함도 그러하다. 영화는 숱한 우여곡절을 거치며 간신히 발전한 학생운동에서 몇 개의 빛나는 기억들만을 드러내 하나의 스토리로 엮었다. 나머지 흠결이 있을 법한 숱한 기록들을 기록에서 제외했다. 87년 6월 서울대 인문대 학생회장을 지냈던 나로서는 그렇게 해서 만들어진 영화가 우리의 지난 날이었다고 말할 자신이 없다.

나는 이 책에서 그것이 옳든 그르든 그것이 칭찬할 만한 기억이든 부끄러운 기억이든 민주화운동의 온전한 면모를 있는 그대로 복원하고자 한다. 근 40년이 다 된 기억에서 후배들에게 전해줄 만한 것을 기록한다는 태도 자체가 위선이요 기만이다. 우리가 할 일은 모든 것을 내어 놓고 무엇을 기억하고 무엇을 버릴 것인가는 후대의 몫으로 남겨두어야 한다.

특히 나는 이 책에서 민주화운동이 자신을 포장하기 위해 감추었던 급진주의의 면모를 그대로 소개하려 한다. 우리는 민혁당 김영환, 중부지역당 황인오의 기록을 통해 특히 북한과 연관된 부정적인 유산에 대한 기록을 갖고 있다. 그러나 북한과 연관된 기억은 그런 수준을 한참 뛰어넘는다. 일단 여기서는 2000년대 민주노동당과 북한, 80~90년대 학생운동과 북한 사이에서 일어났던 과거를 소개할 것이다.

나와 우리는 80년대 초중반~90년대 중반 그야말로 한민전을 입에 달고 살았다. 본문에 게재된 하태경의 증언처럼 전대협 조통위가 열리면 한민전 녹취 문건을 앞에 두고 회의를 한 적도 있었다. 그러나 불과 30여 년 만에 그랬던 과거는 완벽히 사라졌다.

안희정과 김경수 및 정청래 등은 주사파의 전성기였던 80년대 후반에서 90년대 중반 학생운동을 했다. 그러나 그들의 기록에는 학생운동 경력 중 북한과 주체사상 기록은 완벽히 사라졌다. 그들뿐 아니라 운동권 출신 정치인의 학생운동 기록은 거의 100퍼센트 그렇다.

이 은폐의 끝에 전대협 1기 의장이고 반미청년회에 연루되었던 이인영이 국회 청문회에서 나는 주사파와 관련이 없다는 기이한 진술을 하고 이 진술이 별다른 파장 없이 수용되었다. 전대협 1기 의장이 주사파가 아니라면 한국에서 주사파는 아예 존재하지 않거나 일부 오타쿠들이 벌였던 이색 사조에 가까웠다고 볼 수 있다.

회고록은 왜 쓰는 것일까? 증언은 왜 하는 것인가? 유불리에 따라 과거를 취사선택한다면 애초부터 회고록은 쓰지 않는 것이 옳다.

더욱 놀라운 것은 그들의 그러한 일탈을 당시 그들과 함께 학생운동을 했던 다수의 청년들이 묵인하고 있는 점이다. 현재는 중년이 된 운동권 출신 또는 그러한 영향을 받은 다수의 중년들은 고위급 정치인들이 자신의 학생운동 경력을 선택적으로 기록하는 것을 사실상 묵인했다.

몰라서 그런 것이 아니다. 한민전과 북한 관련 기록은 90년대 초반이 되면 운동권 핵심부 몇몇이 아니라 이른바 학생운동을 했다고 하는 다수의 활동가들 거의 모두가 공유하고 있던 일반적인 내용이었다. 그들은 몰라서가 아니라, 알면서도 과거 기록에 대한 은폐와 그로부터 발생하는 정치적 유불리에 공감했기 때문에 그런 것이다.

나는 그들의 그런 태도를 용인하거나 받아들일 수 없다. 그리고 그 기저에 깔린 정치적 이해에 대해 동조할 수 없다. 나는 그들이 촛불-문재인-조국-이재명으로 이어지는 심리적·역사적 공동체를 형성하고 한국 사회를 난장판으로 몰아가고 있다고 생각한다. 그리고 그런 거대한 공동체를 유지하기 위해 과거를 무의식 속에서 집단 은폐하기로 합의했다고 생각한다.

따라서 과거를 온전히 복원하려는 이 책의 기획은 단순히 진실을 밝히고자 하는 학술적인 차원을 넘어 은폐를 통해 정치적 이익을 챙기려는 어떤 집단에 대한 명백한 항거이다. 나는 우리의 미래가 과거에 대한 정직한 기억과 반성을 통해 성취되어야 한다고 믿는다. 나는 이 길에서 내게 주어진 역할을 할 것이다.

과거 운동을 했던 사람들은 대부분 내가 변절했다고 한다. 이 변절이라는 말속에 그들의 생각이 집약적으로 응축되어 있다. 그들은 자신들이 했던 학생운동을 20대 초중반 대학생들이 민주주의를 위해 분투했던 노력으로 보지 않고 그것을 혁명 또는 독립운동으로 본다.

민주주의의 관점에서 본다면 여야는 선거를 통해 승패가 갈리고 언제라도 정권을 주고받을 수 있는 정치적 상대방이지만 독립운동이나 혁명이라면 상황이 달라진다. 한번 동지는 영원한 동지이고 집단에서 이탈한 세력은 처단하거나 무력화해야 할 적이 된다.

80년대 중후반~90년대 초중반 청년 대학생들은 자신의 운동을 혁명·

독립운동으로 정의했다. 이는 앞에서 이야기한 민주주의의 부정적 유산이다. 그들은 민주주의와 직선제를 위해 헌신했다는 학생운동의 긍정적 유산은 챙기되 그것을 혁명·독립운동으로 터무니없이 오버했던 부정적인 유산은 숨기기로 했다.

그러나 그것은 표면적인 차원, 대외적인 측면에서만 그러했다. 그들 모두는 80년대 후반 일단의 청년 대학생들이 퀴퀴한 자취방에서 깡소주에 새우깡을 나눠 먹으며 다졌던 신념과 정서, 혁명·독립운동의 마음은 그대로 남겨두었다. 그리고 그들은 그 대오에서 이탈한 사람은 민주주의의 다양한 신념체계 중의 하나인 A에서 B로 옮겨간 사람이 아니라 민족과 조국의 운명이 백척간두에 있는 상황에서 자신의 안일을 위해 직진에 두신한 자, 변절이라 낙인찍었다.

결국 그들의 집단 은폐는 그 이후의 상황을 혁명과 항쟁으로 보려는 심리상태와 밀접히 연관되어 있다. 어떤 면에서 집단 은폐는 87년 6월 학생들의 급진주의에 놀란 기성세대의 경계심을 완화하기 위한 기만술책이었는지도 모른다.

민주화운동을 했던 중년세대 다수가 이런 비정상적인 심리상태에 산다. 그들은 대외적으로는 말끔한 신사복을 입고 교양있는 언어를 구사하지만, 마음 깊은 곳에서는 여전히 1930년 만주 밀림과 1970년대 고문과 투옥을 불사하며 싸웠다는 유신시대를 산다.

그들의 옹색한 마음에서 끊임없이 친일파, 매국, 검찰독재, 탄핵과 같
은 극단적인 말이 생성되고 정치적 경로를 틈만 나면 선거와 타협이 아니
라 항쟁과 청산으로 몰아가는 정치적 경향성이 피어난다.

이제 우리의 민주화운동사를 다시 써야 할 때가 되었다.

6월 민주화운동 때 우리는 직선제를 요구하는 흐름과 급진주의를 주
장하는 흐름이 같이 있었는데 양김씨와 국민 다수가 요구하는 직선제에
합류하면서 우리는 역사와 시대의 부름에 부응할 수 있었다. 반면 한때
우리가 갖고 있었던 주체사상과 같은 생각을 가졌던 경향을 반성하고 돌
아보아야 한다. 이것이 나의 결론이다. 반면 적지 않은 사람들이 6월 민
주화운동 때 이루지 못했던 혁명과 항쟁의 흐름을 되살려 세상을 근본적
으로 변혁해야 한다고 주장한다.

나는 반유신, 5·18, 6월 민주화운동 모두에서 용감하게 싸웠던 대학생
운동은 많은 우여곡절과 시련에도 직선제를 포함한 민주 헌정의 질서 위
에서 수렴되었다고 생각한다. 반미, 주체사상, 민중항쟁과 같은 일탈들이
있었지만 이 모든 것은 민주 헌정의 너른 품안에서 용해되어 우리는 모두
2000년대 세계 10위권 한국에서 삶을 영위하고 있다.

그러나 걸핏하면 민주주의의 궤도 위에 혁명과 항쟁, 반미와 친북을 끌
어들이려는 위험한 경향이 있고 이들은 민주주의 운동의 탈을 쓰고 민주
화의 역사를 교묘히 은폐함으로써 자신을 변호하려 한다.

87년 6월의 거리에서 용감히 싸웠던 나와 우리는 6월 민주화운동의 성과를 계승하며 민주 헌정을 굳건히 하려는 작업을 민주화운동의 참다운 계승자라 자부한다. 반면 호시탐탐 6월 민주화운동과 민주 헌정 사이에 연결된 튼튼한 궤도에 이색적 사조(반미·친북·혁명·항쟁)를 삽입하려는 일련의 시도를 결연히 반대한다. 장기간 민주화운동을 결연히 사수했던 학생 운동의 전통을 굳건히 계승하여 나는 민주화운동의 기본 기조와 노선을 훼손하려는 사이비 민주화운동가들과 맞서 싸울 것이다.

향후 계획

24년 4월 총선에서 운동권 청산 프로젝트는 일단 실패한 것으로 보인다. 나름 중심에 있었던 펠시토시는 매거진 인터뷰, 본문에 정이의 필기를 담았다. 그럼에도 필자는 운동권 청산 문제는 지속되어야 한다고 생각하는 편이다. 미래로 나가야 한다고 말하는 사람도 있다. 나는 그에 공감하지만 미래로 가기 위한 징검다리로 너무 지나치지 않은 범위에서 과거의 유산을 옳게 정리하는 작업이 필요하다고 생각한다. 여전히 나는 그 일을 하는 데 적임자이고 내가 잘 할 수 있는 일이라 생각한다. 미래를 열기 위한 사람들의 노력에 지지를 표하면서 나는 내가 할 수 있는 일을 하련다. 새로운 마음으로 **운동권 청산 시즌 2**를 진행할 것이다.

2024년 6월 19일

민경우

3부 운동권 평전

부록

작가소개

1부

민주화운동과 주사파

"

먼저 민주화운동에 대해 긍정적으로 평가하는가 그렇지 않은가를 따질 필요가 있었다. 보수진영 일부에서 주장하는 5·18 북한 개입설은 민주화운동 전체를 근본적으로 부정하려는 동기가 깔려 있는 것 같았다. 민주화운동 상당 부분이 5·18에서 영감을 받은 것인데 5·18에 북한이 개입한 것이라면 민주화운동 전체에 대한 정당성이 훼손되기 때문이다.

민주화운동이란 무엇인가?

민주화운동의 정의

나는 84년부터 적어도 30년 이상 민주화운동을 했다고 생각한다. 그런데 막상 민주화운동에 대해 정의해 보라면 말문이 막히곤 했다.

먼저 민주화운동에 대해 긍정적으로 평가하는가 그렇지 않은가를 따질 필요가 있었다. 보수진영 일부에서 주장하는 5·18 북한 개입설은 민주화운동 전체를 근본적으로 부정하려는 동기가 깔려 있는 것 같았다. 민주화운동 상당 부분이 5·18에서 영감을 받은 것인데 5·18에 북한이 개입한 것이라면 민주화운동 전체에 대한 정당성이 훼손되기 때문이다.

이건 말이 안 된다 싶었다. 그래서 민주화운동을 정의하는 과제 중 첫 번째는 민주화운동의 성과와 유산을 긍정적으로 평가하는 것으로 잡았다.

우리는 지난 수십 년간 민주화운동의 영향 아래서 발전했다. 그것이 다소 무리하고 오버한 것일 수는 있어도 그것을 근본에서 부정하고 새로운 다른 무엇에서 출발하자는 견해에는 동의할 수 없다.

다음으로 문제가 된 것은 민주화운동과 결합되어 있는 사회주의, 폭력, 친북적 통일운동과 같은 것들이다. 한국 학생운동은 영미형 개인주의가 아니라 러시아형 사회주의의 영향을 강하게 받았다. 따라서 민주화운동에서 사회주의와 폭력적 성향이 많이 담겨 있었다.

민주화운동을 서구형 민주주의로 엄격히 제한하면 너무 많은 것들이 사라지고 사회주의형 민주주의까지 확대하면 너무 넓었다. 적절한 균형이 필요했다. 이에 주로 71~87년 대통령 직선제였던 시기에 일어났던 다수의 운동을 설사 사회주의적 색채가 있다고 하더라도 민주주의 운동으로 포괄하고 87년 이후 일어난 운동 중 친북적 색채·폭력이 가미된 운동 등은 민주화운동에서 배제해야 한다고 생각했다.

5·18에서 벌어진 폭력사태는 일종의 저항권으로 볼 수 있다. 신

군부세력이 정권을 찬탈하는 과정에서 물리적 충돌이 벌어지고 시민들은 이에 저항해 민주헌정질서를 수호하기 위해 무기를 든 것으로 본 것이다.

71~87년 직선제를 실현하는 과정에서 다양한 시도들이 있었다. 이 시기 학생운동은 기본적으로 사회주의적 지향을 갖고 있었다. 만약 이들이 사회주의적 성향을 갖고 있다고 해서 민주화운동으로 보지 않는다면 현실에서 사회주의적 성향을 가진 사람들이 벌인 민주화운동이 역사의 맥락에서 사라지게 되는 문제가 있다. 또한 일단 민주화를 직선제와 같은 정치적 측면으로 제한하지만 불가피하게 사회·경제적 측면도 있고 이 영역에서는 다채로운 상상력과 시도도 필요하다는 차원에서 이를 민주화운동의 영역 안으로 삽입한다.

반대 경우도 있다. 87년 직선제 이후의 학생운동은 민주화 투쟁, 조국통일운동을 진행한다. 일단 조국통일운동은 친북적 통일운동으로 사실상 민주화운동의 한계를 넘는 것이다. 실제로 한총련이 이적단체로 판정된 것도 이 때문이다. 문제는 민주화 투쟁인데 88년, 95년 전노구속투쟁은 그렇다고 하더라도 91년 강경대투쟁, 96~97년 김영삼 정권 대선자금 공개투쟁은 민주화운동이라는 외형을 띠고 있지만 사실상 한국을 식민지로 보고 반독재 투쟁을 한 것으로 민주화운동이라고 보기는 어렵다.

결론을 요약하면 민주화운동의 정의에 대한 원칙은 첫째, 민주화운동의 성과를 긍정적으로 평가하고 긍정적으로 계승·발전시키는 것, 둘째, 민주화운동을 민주헌정질서를 수호하는 투쟁·노력으로 엄격히 제한하고 셋째, 사회주의, 친북통일운동은 배제하는 것이다.

민주화운동의 정의를 87년을 주요 기점으로 보면(학번으로 보면 87년 4학년이던 84학번을 기점으로 가름) 일반적으로 알고 있는 민주화운동 역사와 결정적으로 달라진다.

87년 직선제가 성립된 이후 학생운동은 주로 반미나 통일운동을 중심으로 전개되었다. 위 정의에 따르면 87년 이후 진행된 반미, 통일운동은 민주화운동이라 하기 어렵다. 여기에는 정청래 의원, 임종석 의원 등이 포괄된다.

정청래 의원은 건대 85학번으로 87년 6월 민주화운동 당시에는 별다른 역할을 하지 않았다. 그의 주된 경력은 88년 하반기 조국통일위원회 위원장, 89년 10월 미 대사관저 점거방화 미수 사건이다. 위 기준에 따라 정청래 의원의 경력을 종합하면 정청래 의원은 민주화운동을 했다고 보기 어려운 것이다.

한양대 86학번인 임종석 의원도 그러하다. 87년 당시 대학 2학년이었기 때문에 6월 민주화운동에서 의미있는 역할을 했다고 보기 어렵다. 반면 89년 전대협 3기 의장으로 임수경 학생을 북한에 보낸 행위는 친북적 통일운동으로 볼 수 있다. 이걸 민주화운동으로 보기 어려운 것이다.

코미디 같은 일도 있다. 임종석 전 대통령 비서실장은 18일 MBC 라디오 「김종배의 시선집중」 인터뷰에서 「서울의 봄」을 언급하며

"저는 제가 운동을 하려고 뛰어든 게 아니었고, 군부 쿠데타 세력이 우리 일상을 무너뜨리며 쳐들어온 것"이라며 "학교 앞마당, 교실까지 쳐들어온 것이고, 정말 무섭고 도망가고 싶었지만 도망가지 않고 버티며 싸웠다"고 했다.

임종석씨는 86학번으로 79년 당시 초등 6학년이다. 초등 6학년이 당시 상황을 마치 자기가 겪은 것처럼 묘사하고 있다. 79년은 물론 87년 6월 민주화운동 당시에 군부 쿠테타 세력이 "학교 앞마당, 교실까지" 쳐들어 온 적은 없다. 87년 당시 나는 1년 내내 군인들을 본 일조차 없다.

문제는 임종석 전 비서실장의 증언이 허위가 아니라 다분히 그렇게 믿고 있을 가능성이 크다는 점이다. 임종석 비서실장을 포함해 운동권 다수는 자신이 체험하지도 않은 일을 그랬던 것처럼 착각하고 환상을 키워왔다.

민주화는 분명 선양해야 할 가치이다. 그러나 민주화 또한 면면

한 한국사회의 흐름 속에서 나름의 맥락과 사연을 갖고 있는 사건이다. 따라서 그것은 사실에 기초해야 보다 엄밀히 평가될 필요가 있다. 그런 면에서 민주화운동의 정의를 엄밀히 하는 작업은 민주화운동의 객관적 실체를 정확히 하고 잔뜩 거품이 낀 관념적 허구를 벗겨내고 판타지를 기반으로 특권을 누려온 세력을 제거하는 작업이라고 볼 수 있다.

필자는 청년들이 하는 유튜브를 가끔 본다. 그중 86세대 학생운동권을 다루는 유튜브는 공부 삼아 본다. 한번은 학생들이 화염병 등을 통해 습격하는 장면을 보여주며 저게 무슨 민주화운동이냐며 비난하는 것이다.

솔직히 말하면 그 이전 나는 그런 생각을 하지 못했다. 반독재투쟁 과정에서 화염병을 던지더라도 정당화될 수 있다는 생각이었다. 전후 사정을 따져 보니 저런 수준의 폭력 투쟁은 민주화시위라기보다는 난동이나 테러에 가깝다고 본다.

학생회장이 연행되거나 하면 그에 대한 보복으로 그 다음날 파출소를 습격하여 화염병으로 이를 전소시키는 장면이 종종 있었다. 그런데 파출소는 시위와는 별 상관없는 생활민원을 처리하는 공간이었다. 이걸 전소시켜 경찰이 업무를 보지 못하면 생활인들이 불편하게 되는 구조였다.

또 하나는 쇠파이프 시위였다. 90년대 중반 무렵 학생들의 역량이 상승하고 경찰이 시위 진압을 자제하면서 양자 사이의 균형이 무너지기 시작했다. 쇠파이프로 무장한 학생들이 꽤 자주 전경들을 무장시키곤 했다. 돌이켜 보면 무서운 장면이었다. 무장한 전경들이 학생 사이에 무릎을 꿇고 있는 모습은 보기만 해도 끔찍한 장면이었다.

결국 반독재투쟁에서 폭력을 어디까지 용인할 것인가와 연관이 있는데 아무리 민주화운동이라고 하더라도 폭력은 최소화하거나 특별한 환경에서만 용인해야 하는 듯하다.

20~30대 청년들의 유튜브에서 나는 당사자가 아닌 국외자의 시선을 통해 세상을 다르게 보는 법을 배웠다

어게인 88

80년대 중후반 시민들은 학생들의 말을 잘 믿지 않았다. 80년 광주에서 시민들이 학살당했다는 주장에 반신반의하거나 거짓말하지 말라는 반응이 적지 않았다.

85년 나는 영등포 근처에서 가두시위를 하고 있었다. 우리는 삼삼오오 흩어져 유인물을 나눠주고 구호를 외치며 선전전을 했

다. 우리에게 주어진 시간은 불과 5분 내외 나는 영등포 주변 도로를 뛰어다니며 "전두환 정권이 양민을 학살했습니다"라고 외쳤다. 하루는 나이 지긋한 중년 아저씨 한 분이 "네 말을 어떻게 믿느냐"며 반발을 하고 나섰다. 2학년인 나는 그런 상황에 전혀 준비가 되어 있지 않았다. 서둘러 자리를 피하며 복잡한 감정에 휩싸였던 기억이 난다.

돌이켜 보면 종종 그랬던 것 같다. 특히 나는 반미를 주제로 곧잘 구호를 외치곤 했는데 반미와 관련해서는 꽤 여러번 반발에 부딪쳤다.

상황이 달라진 것은 88~90년대 초반에 진행된 거대한 이벤트 때문이었다. 첫째는 5공비리, 광주 청문회가 열렸고 이는 TV를 통해 생중계되었다. 지금도 청문회 장면이 눈에 선하다. 노무현 대통령과 이해찬 전 총리 등이 일약 스타로 부상하던 장면이 눈에 선하다.

둘째는 「여명의 눈동자」, 「모래시계」 등 드라마나 영화의 영향이 컸다. 5·18 광주, 삼청교육대 등, 이전에는 금기에 가까웠던 주제들이 영화나 드라마에 등장하면서 사람들은 그것을 당연한 것으로 받아들였다.

돌이켜 보면 무언가를 수긍한다는 것보다 그것에 익숙해지는 것이 중요한 것 같다. 보수진영의 이데올로기 투쟁은 여기서 막혀 있는 듯하다. 보수의 다양한 주장들은 논리적으로는 알겠는데 뭔가 막연하고 어색한 상태가 현 상황이지 않을까 싶다.

사람들이 진심으로 광주를 받아들이기 시작한 것은 88년 이후의 거대한 이벤트 때문이다. 87년 정치적 격변(직선제)에 이은 80년대 후반~90년대 초반의 문화투쟁(?) 끝에 지금 우리가 아는 문화적, 사상적 의식 지형이 형성되었다고 볼 수 있다.

전체적으로 보면 투쟁은 정치적 과제를 실현하는 1차 작업과 그것을 문화적·생활적으로 확정하는 2차 작업으로 나눌 수 있지 않을까 싶다.

다른 측면도 있다. 87년 6월 민주화운동은 직선제를 실현하는 온건한 민주화 투쟁이었다. 그런데 87년 6월 민주화운동과 병행했던 것은 '사회주의,' '해방전후사의 인식'과 같은 강력한 사상 투쟁이다. 따라서 학생들이 87년 6월의 거리에 나섰을 때 학생들은 온건한 민주화 투쟁과는 차원이 다른 과잉감정 상태에 있었다.

과잉감정 상태는 긍정적인 측면과 부정적인 측면을 함께 갖는다. 긍정적인 측면은 투쟁의 강도에서 강인한 정신상태를 만들어낸다. 부정적인 측면은 투쟁이 끝난 후에도 어딘가 있을 것 같은 적을 찾아 허구의 적과 싸운다는 점이다. 후자가 안타깝지만 사회운동, 투쟁에서 가공의 신념은 어느 정도 필요한 것 같다.

즉, 정치 투쟁이 선행하고 문화 투쟁이 후행하는 측면도 있지만 사상 이데올로기 작업이 선행되어야 투쟁·운동도 강인함을 유지시키는 측면이 있다. 현재 상태로 보면 대선 승리와 같은 정치 투쟁이 하나의 측면이라면 문화·이데올로기 작업이 꾸준하고 일관되게 진행되어야 한다.

그런 면에서 이승만 대통령을 다룬 영화, 「건국전쟁」이 흥행에 성공하고 있는 점은 중요한 의미를 갖는다.

1월 하순 나도 친지와 함께 보았다. 다른 지면을 통해 길게 말해야 할 듯하다. 간단히 소감만 적는다면 내가 이승만에 대해 잘 몰랐구나 하며 반성을 하게 된다. 『해방전후사의 인식』이 우리의 필독서였는데 모를 리는 없다. 문제는 누군가 이승만의 업적을 숨겼거나 의도적으로 왜곡했다고 본다.

앞에서 주사파의 핵심사상은 주체사상을 신봉한다와 같은 철학적·사상적 측면이 아니라 남북한 중 북한을 정통으로 보는 역사관이다. 북한을 정통으로 보기 위해서는 남한을 망가뜨려야 하니 이를 위해 초대 대통령 이승만을 격하시킬 필요가 있었다.

이 나이에 역사에 대한 관점, 그것도 초대 대통령에 대한 생각을 바꾸려니 허망하기도 하지만 진실 앞에 정직해야 한다는 것이 내가 믿는 제일 덕목이니 가는 만큼 가보기로 한다.

24년 4월 총선에서 제기되었던 운동권 청산 문제는 일단 실패로 돌아갔다. 나는 길게 보고 운동권 청산 작업 시즌2가 진행되어야 한다고 보는 편이다.

운동권 청산 문제를 두고는 대체로 50퍼센트 내외에서 찬성 여론이 있는 것으로 보인다. 찬성 여론이 우세한 듯하지만 압도적이지는 않다. 무엇보다 운동권 청산이 의미하는 바에 대한 구체적인 컨텐츠가 부족한 측면이 있다.

여론조사에서 몇 가지 점을 고려해야 한다. 첫째는 운동권 청산 문제의 결정적인 특징은 위장과 은폐이다. 사람들이 운동권 청산에 대해 막연히 동의하면서도 막상 각론에 들어가면 이를 잘 모르는 이유가 그 때문이다. 북한을 추종한다면 처벌의 대상임이 명확하지만 상당 부분 주사파에서 기원했음에도 그것이 6·25 전쟁의 기원, 김구 찬양, 친일파 청산 등으로 변화하면 주사파와는 무관한 것처럼 생각한다. 둘째는 강한 이데올로적 전선이 쳐 있다는 점이다. 운동권 청산 문제가 제기됨에 따라 운동권 청산 지지율이 완만하게 하락하고 부정 여론이 부상하는 것은 이를 민주당이라는 프리즘을 통해 보기 때문이다.

따라서 운동을 정치 투쟁의 양상으로 몰고 간다면 역풍을 맞거나 대중의 지지를 잃을 가능성이 있다. 불필요한 정치화를 자제하고 구체적인 한 사람 한 사람의 마음을 얻는 생활영역에서 싸워야 한다.

나는 한 3년 정도 이 일을 할 생각이다. 첫째, 민주화운동의 부정적인 유산을 문화적으로 청산하고, 둘째, 집중적으로 20~30대 청년층과 40~50대 직장인, 생활인을 설득하는 것을 목표로 역사 전쟁을 수행할 것이다.

　이는 내 운동권 인생 30년을 정리하는 길이기도 하다. 돌이켜 보면 민주화운동 청산 과제를 시작할 때 나는 나와 내 주변 친구들 때문에 시작했다. 화두는 내가 왜 그 시절에 그런 생각을 했을까이다. 「건국전쟁」에는 그런 화두가 가득하다.

　전쟁에 비유하자면 대선·총선은 미사일과 비행기가 벌이는 고공전일 수 있다. 그에 비해 문화전쟁은 전쟁의 승패를 궁극적으로 결정하는 백병전이 아닐까 싶다.

　언제나 그렇듯이 우리는 기꺼이 백병전을 치르는 무명의 용사에게 박수를 보낸다.

주사파의 정의

좁은 의미의 주사파

주사파를 사전적으로 정의하면 '주체사상을 신봉하고 북한에 충성을 맹세한 사람'이라 할 수 있다.

민혁당 당수인 김영환의 행적은 ….

1. 89년 7월 초 대남공작원 윤택림이 김영환의 노량진 집을 찾아와 접촉을 시도한다. 신원을 확인하기 위해 윤택림은 "내일 밤 10시에 평양방송을 들어보라"고 한다.

2. 김영환과 윤택림은 6~7차례 만났고 윤택림은 비교적 솔직하

게 북한 상황에 대해 말한다. 예를 들어 "아웅산 사건은 북한의 특수부대에서 한 것이고 KAL기 폭파는 잘 모르겠다," "북한 사람들이 남한 사람들보다 낫다고는 할 수 없지만 남한의 중하층보다는 낫습니다."

3. 김영환은 윤택림에 의해 노동당에 입당하고 '관악산1호'라는 대호(이름 대신 쓰는 암호)를 받는다.

입당식은 관악산에서 했다. 김일성 초상화나 북한의 인공기 같은 소도구를 걸어놓는 일은 없었다. 단지 윤이 말하는 대로 따라하면서 충성맹세를 했다. "위대한 수령과 조선노동당의 영도를 따라 혁명에 ⋯."

4. 윤택림은 북한으로 돌아가기 전에 김영환에게 무전기와 평양 방송을 통해 의미를 파악할 수 있는 암호책자, 난수표, 해독표 등을 주었다.

5. 북한을 방문하여 김일성을 만나고 17일 동안 북한에 머물다 서울로 돌아온다.

⋯ 등(『82들의 혁명놀음』에서 우태영, 선)

김영환 같은 사람을 좁은 의미의 주사파라 칭한다. 이들은 주체사상을 신봉하고 김일성, 김정일 등 북한에 충성을 바치고 주로 지하당 사업에 관여된 사람들이거나 그 휘하에서 활동한 사람들이다.

좁은 의미의 주사파는 다음과 같은 특징을 갖는다.

첫째, 80년대 중반~90년대 중반까지의 어떤 시기에 나타난 현상이다. 둘째, 주사파는 기본적으로 80년대 초반 서울의 명문대에서 일어났다. 셋째, 90년대 중반 1차 자생 주사파가 퇴조한 이후 새로운 형태의 주사파 운동이 벌어진다. 이를 주도했던 것이 전국연합 3파(인천, 경기도부, 울산)이고 이름 상징하는 사건이 '구자산의 약속'이다. 넷째, 주사파의 규모는 수백명 정도라고 생각된다. 민혁당 조직원이 100명 정도였다는 증언이 있다. 위에서 필자는 주사파를 조선노동당 또는 그와 연관된 지하당에 가입한 사람으로 한정했음을 기억하기 바란다. 민혁당이 지하당에서 가장 크기 때문에 나머지를 모두 합쳐도 500~600명 정도를 넘지 않을 것이다.

필자가 추산한 것은 조선노동당에 가입할 정도의 골수 주사파를 의미한다. 간첩 혐의로 두 번 구속된 바 있는 필자도 노동당에 가입하는 등의 활동을 한 일이 없다. 주사파를 수만 명 규모로 보는 황장엽의 견해 등은 정치적 과장이거나 주사파 또는 간첩의 정의가 다른 것이다.

선행 주사파

86년 주사파 빅뱅

『스파이 외전』을 보고 선배 한 사람이 내게 의견을 전해왔다. 민주화운동에 대한 많은 저작들에서는 86년 주사파가 급격히 확산(빅뱅)된 이유를 품성론과 같은 것으로 묘사하곤 한다. 이에 따르면 86년 이전의 학생운동에는 어떤 경향이 있었는데 86년을 경계로 그와는 전혀 다른 학생운동이 시작되었다는 의미이다.

선배는 86년 이전에도 이름만 붙이지 않았을 뿐 주사파스러운 경향이 주를 이루고 있었고 86년 주사파의 확산은 그런 전통이 있었기 때문에 가능했다는 것이다. 필자 또한 거의 동의한다. 86년 이전 학생운동을 어떻게 정리할 수 있을까?

86년 이전 학생운동은 두 가지 흐름으로 나눌 수 있다. 하나는 제3세계 민족주의이고 다른 하나는 막스·레닌주의이다. 각각을 대충 NL과 PD로 정리할 수 있다.

후자의 관점에서 보면 1970년대 막스주의가 대세가 되었고 이를 주도했던 것은 서울대 PD였다. 86년을 계기로 주사파가 부상하면서 NL이 주류가 된다. 이런 맥락에서 보면 86년 서울대 주사파의 등장은 매우 단층적인 현상이 된다. 반면 전자에 주목하면 86년 주사파의 등장은 이전 시기 학생운동과 동질의 가치를 공유하는 연속적인 과정이 된다. 동질의 가치란 무엇일까?

4·19가 자생 학생운동의 시원이라고 볼 수 있다. 4·19 이후 향후 진로를 두고 다양한 논쟁이 벌어진다. 이**의 증언에 따르면 학생운동의 주류는 4·19로 민주화가 되었다면 이제는 근대화를 해야 한다고 생각했던 것 같다. 민주화가 되었다면 민주화나 사회발전을 질곡하는 조직적인 세력, 가령 제국주의 같은 세력이 없거나 약하기 때문에 세상은 우리가 잘 하기에 달려 있는 것이다. 논리적으로 보면 사회참여-근대화가 기본 노선이었다.

반면 또 다른 집단은 민주화는 성취되었지만 민주화를 가로막는 세력이 존재한다고 보았다. 그것이 미일 제국주의이고 민주화는 대통령을 직선제로 뽑는 것을 넘어 조국통일이나 반미로 발전해야만 최종적으로 완성된다고 봤다.

60년 4·19 이후 61년 조국통일운동이 진행된 것이 다름 아닌 이 맥락이었다. 60년대 중반 한일협정 반대투쟁도 동일한 논리였다. 한일협정으로 일본 자본이 들어온다면 그것을 매개로 근대화를 이룰 수도 있지만 미일의 제국주의적 속성으로 미일의 하청 경제로 빨려들어갈 수 있는 것이었다.

60년대 이후 학생운동의 강력한 기류는 후자였다. 신영복과 리영희가 그 전통 위에 있었고 80년대 초반 『해방전후사의 인식(해전사)』이 출판된 것도 같은 맥락이다. 최근 70년대 활동했던 인사들, 함세웅, 이부영, 백낙청 등이 2020년대 저항적 민족주의를 뿌리로 왕성한 활동을 벌이고 있는 것도 그러하다.

외견상 저항적 민족주의와 막스주의는 이른바 NL과 PD로 대변되었다. 그중 NL은 한국사회의 집단 무의식에 닿아 있었다. 하나는 유교이고 다른 하나는 농촌이다.

저항적 민족주의는 민족주의의 주체로 민중을 상정한다. 이때의 민중은 자본주의 발전에 따라 분해를 일으키는 과정에서 나타나는 부르주아 또는 개인이 아니다. 외세에 저항해야 하기 때문에 집단의 분해와 분열은 억제되고 집단 내의 이해관계는 불온시된다. 결국 전통시대의 집단, 농민과 이에 기초해 외세에 맞서 싸울 영웅 또는 리더가 중시(신채호를 생각해 보라)되고 자본주의·근대적 개인은 부정적인 무엇이 되는 것이다.

60~70년대는 자본주의가 급속히 팽창했어도 농촌·농민적 문화와 습속은 강하게 남아 있었고 70년대 이른바 NL은 이 농민적 전통과 맞닿아 있었다. NL이 PD를 압도할 수 있었던 것은 이와 관련이 있다.

NL이 PD를 압도할 수 있었던 것은 전통사상인 유교 때문이기도 하다. 지금도 이재명 또는 운동권 출신 정치인들은 자신의 주장을 대동사회, 억강부약 등 유교적 용어를 빌려 설명하는 경향이 있다.

공자는 대동사회를 다음과 같이 설명한다. "인륜이 실현된 사회로서 가 개인이 자신의 능력을 충분히 발휘할 수 있고 누구에게나 기본적인 삶이 보장되고 서로가 신뢰하고 도와주기 때문에 범죄가 발생하지 않는 사회이다."

공상적 사회주의에 가까운 설명인데 유교를 기저에 두고 있기 때문에 필자는 유교 사회주의라고 정리하는 편이다. 그런데 이런 대동사회를 2020년대 운동권 출신 정치인들이 자주 사용하고 있는 것이다. NL적 전통은 이만큼 길고 강인하게 이어져 왔다. 외견상 NL–PD가 경합하는 듯했지만 NL은 농민·유교 등과 연결되어 있었기 때문에 운동의 대중화 국면이 열렸을 때 손쉽게 대세를 장악할 수 있었다.

따라서 한국의 86정치운동은 서방의 68혁명보다는 이슬람의 복고적 민족주의와 많이 닮아 있다. 86세대가 개인보다는 집단과 민족, 서방세계와의 동조보다는 거리감을 갖고 있었던 것도 그때 문이다.

결론을 요약한다면 86년 학생운동에서 일어난 변화는 이전과는 완전히 다른 무언가가 상황을 압도했다기보다는 충분히 NL 주사스러운 경향이 86년을 계기로 주사라는 모자를 쓴 것으로 이해할 수 있다.

80년대 중반 한국 자본주의는 극적으로 발전하고 있었다. 이 무렵 우리가 발견해야 할 것은 합리적 개인, 개인의 창의와 역동성과 같은 영미·근대적 가치이다. 그런 면에서 80년대 농민, 유교적 색채가 강한 NL이 승리한 것은 한국사회 전체로 보면 매우 불행한 일이었다.

86년 이전의 과정과 이후의 과정을 연속적으로 봐야 다음의 몇 가지를 이해할 수 있다.

첫째, 리영희, 신영복, 박현채 등을 어떻게 이해할 것인가에서 그들 모두는 사실상 주사파의 계보 안에 있다. 리영희는 동아시아 사회주의의 일원이었던 중국을 우호적으로 평가했던 인물로 북한 사회주의 또한 넓게 보면 중국 사회주의의 범주 안에 있다고 볼수 있다. 신영복은 통혁당의 일원으로 출소 이후에도 다소 부드러운 논조로 사실상 북한을 옹호했던 사람이다. 박현채는 빨치산 멤버로 수출 지향적인 공업화에 맞서 내재적 발전론, 민족자립 경제를 옹호했다.

따라서 이들의 사상이 확산되었던 60~70년대는 주체사상이라는 말이 없었을 뿐이지 주체사상의 내용적인 뼈대가 사실상 정립되었던 시기이다. 리영희+신영복+박현채면 주체사상의 80퍼센트를 차지하고 여기에서 나머지 20퍼센트인 주체사상이라는 개념과 말이 도입되면 주체사상이라고 해도 과언이 아니다.

문재인 대통령이 대표적으로 리영희, 신영복을 존경한 인물인데 이들을 존경하고 그들의 사상에 내용적으로 공감했다면 주사파라는 표현은 과도할지 몰라도 선행 주사파 정도라면 과언은 아닐 것이다. 김문수가 문재인 대통령을 공산주의자라고 지칭했을 때 그것이 과하다고 볼 수 있지만 전혀 근거 없는 말이었다고 보기는 어려웠다.

둘째, 왜 학생운동이 그렇게 강력하게 주사파·NL로 통일되었는가를 설명할 수 있다. 운동권을 NL과 PD로 가를 때 초기부터 NL이 운동권을 석권할 수 있었던 것은 PD가 막스·레닌주의 같은, 이색적이고 외래적인 사상을 갖고 있는 반면 NL은 60~70년대 반체제 사상을 집대성한 측면이 있었기 때문이다.

셋째, 이재명을 비롯하여 2010년대 민주당, 운동권 출신 정치세력을 설명할 수 있다. 우리는 그들에게서 주사파 NL 도입 당시의 구호나 주장을 아주 쉽게 들을 수 있다. 동학, 촛불, 세월호, 친일매국, 죽창가, 대동사회 등에는 주사파의 DNA가 꽤 들어 있다. 그들 대부분은 주체사상이라는 말을 쓰지 않을 뿐 사실상 주사파에 가깝다.

2010년대 이후 운동권 대부분은 NL적 색채를 갖는다. NL-PD 대립에서 PD가 NL화되고 참여연대와 같은 시민단체도 NL과 유사해졌다. 이렇게 통일된 배경에는 60~70년대 주체사상 없는 주체사상이라는 역사적 궤도 위에 있었기 때문이다.

강철 김영환을 취재하여 쓴 『82들의 혁명놀음』이라는 책이 있다. 여기에는 흥미있는 김영환의 사상 궤적이 있다. 그중에서 79년 호메이니 이란혁명과 80년대 초반 베트남과 중국과의 전쟁에 대해 베트남의 민족주의를 긍정적으로 평가하면서 3세계 민족주의에 대해 보여주는 우호적인 시각이다.

사실 내가 그랬다. 선배들은 열심히 막스·레닌에 대해 가르쳤지만 나는 필리핀·쿠바·니카라과 혁명 등 3세계 민족해방운동에 마음이 갔다. 정확히 언제부터 그랬는지 잘 기억이 나지는 않지만 나 또한 이란 호메이니 혁명에 대해 친근감을 갖고 있었고 한때는 이란을 옹호했던 기억이 난다.

리영희도 같은 맥락이었다. 리영희가 러시아보다는 중국이나 베트남에 관심을 가진 이유가 그럴 것이다. 그는 서구 자본주의보다는 3세계, 그것도 3세계가 전쟁이나 사회주의 건설 과정에서 보여준, 믿기 어려운 정신적인 성취를 높이 평가했던 것 같다.

리영희를 주사파로 보는 사람은 많지 않다. 그러나 나는 어느 때부터인가 우리가 주체사상, 북한 추종과 같은 선입관을 던져 버릴 수 있다면 리영희는 어김없이 주사파의 선조쯤 된다고 생각한다.

85년 가을방학, 써클의 커리큘럼이 러시아혁명사에서 한국 근현대사로 바뀌기 시작했다. 나는 여러 갈래의 추천도서를 읽기 시작했다. 보통 한국 근대사는 위정척사, 동학, 개화파로 삼분하곤 한다. 어려서 내게 익숙했던 것은 개화파였다. 집 근처 대학로에는 홍사단 건물이 있었고 박정희 대통령은 과학기술을 숭상했다. 나는 김옥균을 다룬 김동인의 소설을 읽고 감흥을 느끼곤 했다.

이유는 잘 모르겠다. 그냥 운동권 커리큘럼에 따라 공부를 하던 과정에서 나도 모르게 "그럼 위정척사가 옳다는 말인가?" 하고 혼잣말을 했더랬다. 차마 위정척사가 정통이라 주장할 수는 없어도 주사파의 역사관은 그에 가깝다고 본다.

2010년대 이래 한국의 역사 경향도 그런 듯하다. 서울역에 가면 도포 자루 휘날리는 강우규 선생 동상이 있고 일제 강점기를 다룬 영화에는 온통 무명옷, 치마저고리를 입고 일본 군대와 싸우는 장면으로 가득차고 종로2가에는 동학농민혁명의 지도자 전봉준이 가부좌를 틀고 눈을 부라리고 있다.

결론을 요약한다면 주사파는 반외세, 근대화 중에서 반외세를 중심으로 형성된 사상 체계이다. 덕분에 시간이 갈수록 근대적인 면모가 사라지고 수구, 보수적인 측면이 강화되었던 것 같다. 더 불행한 것은 한국의 민주화운동도 60년대 4·19 이후 점점 더 그런 양상으로 발전했다는 점이다. 80년대 중반 주사파가 등장한 것은 우연이 아니라 필연의 흐름이었다. 그리고 2010년대 한국의 대중문화와 역사관이 근대화보다는 반외세에 강조점을 두는 것도 같은 맥락이다.

나는 고등학교 때 이과였다. 그리고 2010년대는 수학선생으로 살았다. 그래서 역사, 철학과 같은 문과적 요소 이외에 수학, 자연과학, 공학과 같은 이과적인 측면에 익숙해 있다. 나는 간혹 또는 아주 자주 문과와 이과라는 관점에서 세상을 비교하며 보곤 한다.

리영희는 한국 민주화운동에서 가장 존경받는 인물 중 하나이다. 그런데 이과의 관점에서 보면 리영희는 시대에 뒤떨어진 인물일 수 있다.

리영희의 출세작 중 하나는 74년 『전환시대의 논리』이다. 반면 같은 74년 이건희는 자비를 들여 한국 반도체를 인수한다. 리영희의 주장은 급변하는 정세에서 중국과 베트남을 주목하라는 것이었다. 한미동맹 일변도였던 한국사회에서 그것이 사상적 충격을 줄 것이라는 게 그의 판단이었다.

국제정세의 급변 가능성과 함께 세상을 흔들고 있었던 것은 전 자공업, 컴퓨터과학, 생물학 등에서 나타난 변화였다. 반도체가 만 들어지면서 전자공업이 출현했고 전자공업은 컴퓨터 산업, 나아가 인공지능의 발전으로 이어졌다. 현 시점에서 인공지능과 반도체 산 업이 갖는 위상을 고려하면 반도체가 만들어지고 전자공업이 출 범하던 50~60년대는 인류 문명의 또 다른 시원이라 할 만했다.

이런 상황에서 리영희는 중국, 베트남의 인간론, 정신론을 강조 한 반면 이선희는 과감히 반도체 산업에 투자하여 신기원을 열었다.

중국, 베트남 등 저개발국가의 정신적인 측면을 강조하던 리영 희의 사상은 신영복의 인문학, 인간론으로 이어진다. 신영복의 인 문학과 맥을 같이하며 공허한 인간론이 세상을 휩쓸었다. 이를 일 별하면 신영복의 글씨체를 가진 '처음처럼,' 진보적 보건 의료계의 구호, '이윤보다 사람을,' 친노 그룹의 주장, '사람이 먼저다' 또 는 '사람이 있었네' 등이 그러하다.

이런 주장들의 뿌리에는 리영희가 있다. 리영희는 중국의 문화 대혁명, 베트남의 전쟁 과정에서 형성된—실제 그런가는 지극히 의 심스러운—고결한 인간관을 사고의 중심에 두었다. 이런 인간관은 우리가 신선한 빵을 먹을 수 있는 이유가 사람의 이기심에 있다는, 그리고 자본주의의 뼈대가 된다는 아담 스미스의 인간론을 부정하고 싶었기 때문에 등장한 것이다.

이런 인간관은 주체사상의 인간관과 맥을 같이 한다. 주체사상의 기본 교리는 "세계와 자기 운명의 주인은 자기 자신이며 이를 개척하는 힘도 인간에 있다"고 하여 인간의 가치를 극대화한다. 주체사상이 도입되었을 때 생각보다 큰 거부감 없이 받아들일 수 있었던 데는 리영희의 선행 공정이 있었다.

90년대 이후 인간론을 새로운 차원에서 전파한 것은 신영복이다. 신영복은 유려한 문투에 주로 인간을 이상화한 문구를 담아 대중 속에 파고들었다. 이 또한 신영복의 작업이 우수했다기보다는 리영희-주체사상으로 이어지는 계보와 연결되어 있었기 때문이다.

광의의 주사파

여기서는 좁은 의미의 주사파가 뻥튀기하는 과정에 대해 말해 보겠다. 필자는 이를 광의의 주사파라고 부르고자 한다.

시기별로 좁은 의미의 주사파가 광의의 주사파로 확산되는 과정을 소개한다.

일단 기성세대의 너그러움이 중요한 역할을 했다. 민주화세대는 자신들의 투쟁을 견디기 힘든 고난과 역경 등으로 묘사하지만 실제로는 그렇지 않다. 고난과 역경이었던 것은 분명하기만 그 정도는 일제시대 독립운동이라기보다는 동아시아 중산층 민주주의에 가까웠다.

공안기관 또한 학생들을 잔인하게 진압하기보다는 미래의 동량이 될 청년들이므로 너그럽게 대하자는 흐름이 있었고 특유의 관료주의가 발목을 잡기도 했다.

"당시 정부 당국의 대응도 예상보다 강하지 않았다. 정대화(서울대 법대 82학번으로 초기 주사파 확산에서 중요한 역할을 했음)는 1985년 말부터 1986년 초 사이에 수사 당국이 서울대 구학련을 강하게 수사했다면 NL의 싹이 꺾였을 것으로 보았다. 그러나 구학련은 처음 조직할 때부터 당국의 주목을 받지 않았다. 구학련 결성도 서울대 강

의실에서 반공개적으로 했다. …"(『82들의 혁명놀음』에서 우태영, 선)

둘째, 김대중·노무현 정부의 역할이다.

김대중·노무현 정부가 들어서면서 기성세대의 포용과 통합이 본격화되었다. 김대중·노무현 정권 나아가 노태우·김영삼 정부부터 운동권 학생들에 대한 대대적인 사면이 진행되었고 99년 8월에는 문자 그대로 운동권 학생을 포함한 정치범 전체의 석방이 이루어졌다. 운동 전력이 있다고 하더라도 법조계를 포함하여 교사 임용 기회 등에 이르기까지 사회적 제약은 거의 존재하지 않았다.

이 과정을 조금 더 상술해 보면 다음과 같다. 98년 김대중 정부가 들어섰을 때 체제에 도전할 만한 사상을 갖고 있는 정치범은 다음의 몇 갈래로 나눠 볼 수 있었다. 첫째는 비전향장기수요, 둘째는 지하당 또는 범민련 등에 관여한 청년 정치범들, 셋째, 이적단체 판결을 받거나 그와 유사한 전대협, 한총련 학생운동가들, 넷째는 기타였다.

그중 비전향장기수는 실랑이 끝에 99년 2월 모두 석방되어 99년 8월 북송되었다. 그들은 과거 생각을 조금 더 바꾸거나 반성하지 않았지만 남북간 합의가 있었고 너무 고령이라 인도적인 차원에서 접근했다. 결과적으로 모두 북송되어 한국사회와 격리(?)되어 정치적 파장에 비해 남한 사회에 미친 영향은 거의 없었다.

두 번째는 사노맹 백태웅, 박노해, 중부지역당 황인오, 황인욱, 조덕원, 구미유학생 간첩단 사건의 강용주 등이었고 나도 여기에 속한다. 이들은 사노맹, 중부지역당 등 지하당 관련자로 이전 같으면 사면을 위해서는 보다 엄격한 조치가 필요하나 준법서약서라는 약식 절차를 통해 모두 석방되었다. 필자는 강용주, 조덕원 등과 함께 준법서약을 끝까지 거부했음에도 99년 8월 석방되었다.

어찌 보면 이들이 86세대의 본류이다. 86세대는 대한민국을 부정하고 혁명을 통해 체제전복을 지향했기 때문에 87년 6월 민주화 운동 이후 혁명운동에 투신하는 것이 86의 관점에서 보면 옳은 것이다. 이들 모두 혁명운동에 투신할 때 20년 이상의 장기형을 각오했지만 한국사회가 민주화됨에 따라 불과 6~7년 만에 문자 그대로 모두 석방되었다. 단 그런 수준의 수감생활이라도 정상적인 사회생활에서 격리되었기 때문에 정치권 진출 등에는 걸림돌이 있었다. 이들 대부분은 정치와 무관하게 살고 있다.

세 번째는 전대협·한총련 출신의 활동가들이다. 전대협·한총련 활동가들은 대체로 82학번~90년대 초반 학번들이 다수이다. 이들 대부분은 93년 김영삼 정부부터 98년 김대중 정부까지 전광석화처럼 석방·사면·복권되었다. 따라서 이들 대부분 학창 시절의 생각을 그대로 갖고 있다고 봐야 한다. 더 중요한 것은 그러한 급속한 과정에서 승리감을 갖고 있을 가능성이 크다는 점이다.

비슷한 과정이 법조계·교육계·문화계 등에서 이루어지면서 한국사회는 86급진주의를 내장하고 사회개혁 의지로 충만한 청년 인텔리들을 별다른 대책 없이 수용하게 된 것이다.

셋째, 참여연대 그리고 PD.

2000년대 초반 참여연대가 좌경화한다. 90년대 중반 참여연대가 만들어질 때는 당시 운동을 주도하고 있던 전대협(한총련), 범민련, 전국연합과 차별화된 시민운동이었다. 그러나 2000년 낙천·낙선 운동을 거쳐 참여연대가 강력한 정치참여를 선언하고 반미에 가까운 평화군축운동을 전개하면서 참여연대를 따라 시민운동 대부분의 좌경화가 시작된다.

참여연대와 경합했던 시민운동 조직이 경실련이다. 참여연대는 강한 정치성을 띤 반면 경실련은 공정성과 중립성을 강조하는 보다 시민운동에 가까운 노선을 취했다. 결과적으로 참여연대가 승리하면서 한국의 시민단체들은 강한 정치색을 띠었고 이후 촛불 민주주의에 이들 모두가 참여하는 계기가 되었다.

조국사태를 전후하여 참여연대는 구설수에 오르면서 시민단체로서의 영향력이 거세된 반면 경실련은 여전히 독립적인 지위와 영향력을 유지하고 있다. 시민단체의 관점에서 평가하자면 경실련의 길이 옳았다고 생각한다.

참여연대를 비롯한 시민단체들이 친문재인 행보를 취하고 정부 지원금 등에 섣불리 개입한 것은 이런 과정의 필연적인 귀결이다. 나도 오랫동안 시민단체에서 일했지만 돈은 언제나 어렵다. 돈에 관한한 엄격한 태도를 보이는 것이 장기적으로 단체의 독립성과 자주성을 지키고 운동의 장기성을 보장하는 길이라고 생각하지만 잘 안 된다. 그만큼 인간은 복잡한 존재인 것 같다.

참여연대의 좌경화는 한국사회에 중요한 영향을 미쳤다. 첫째, 참여연대와 함께 여성, 환경 등 유력 시민단체의 정치 참여의 배경이 된 점, 둘째, 주사파 조직인 진보연대와 함께 2002년 효순, 미선, 2004년 노무현 대통령 탄핵, 2014년 세월호 범국민대책위를 주도한다.

보통 운동권을 민중운동과 시민운동, 민중운동을 다시 주사NL, 비주사NL·PD로 구분하곤 한다. 참여연대의 좌경화는 시민운동이 민중운동 그것도 주사NL에 접근했음을 보여주는 신호였다. 같은 맥락에서 PD도 주사NL로 접근한다. 대표적인 인물이 송영길이다. 송영길의 책을 보면 대부분이 조국, 통일, 동북아시아와 같은 주사NL적 담론으로 가득하다.

이렇듯 다양한 세력이 주사NL로 수렴되는 현상은 필자의 주장을 뒷받침하는 중요한 현상이다. 주사파란 주체사상을 신봉하고 북한에 충성하는 자가 아니라 북한에 역사의 정통성을 두는 입장이라 하고 이런 생각이 70년~80년대 소수 지식인을 넘어 강력한 대중적 사상운동과 결합되어 있다고 했을 때 참여연대나 PD 또한 이 사상운동에 합류하여 사실상 주사NL화되었다고 볼 수 있다.

넷째, 2009년이다.

아마도 09년 노무현 전 대통령의 사망이 중요한 전기가 된 듯하다. 05~07년 노무현 대통령과 운동권 출신 정치인들은 부동산 문제 등을 계기로 결정적인 타격을 입는다. 그런데 09년을 전후하여 운동권 출신 정치인들에 대한 심판 대신 보수세력에 대한 응징론이 상황을 압도하기 시작한다. 이를 배경으로 이전과는 새로운 리더십과 흐름이 만들어진다.

이를 주도했던 인물이 이해찬, 문재인, 한명숙, 백낙청, 함세웅 같은 사람들이다. 이들의 생각을 요약하면 김대중류의 다소 보수적인 민주당보다는 위에서 거론한 선행 주사파의 노선과 유사한 흐름이 만들어진다.

이 중 대표적이었던 흐름이 범진보야당 통합론이다. 09년 노무현 대통령의 사망을 계기로 노선과 정책을 통한 여야 사이의 선의의 대결보다는 복수·응징 같은 개념들이 전면에 부상한다. 복수·응징에 적합한 수사가 친일파 척결론, 민중주권론 같은 것들이다. 그리고 이들 대부분은 청년 시절 다수가 공유했던 60~70

년대 선행 주사파의 담론을 차용한 것들이었다.

　보수세력을 응징하고 20년 동안 민주세력이 집권하기 위해서는 선거에서 승리해야 한다. 이들은 선거 승리를 위해 당시 통합진보당을 끌어들이고 이들에 파격적인 양보를 통해 보수와 민주+진보가 대결하는 1:1 구도를 만들고자 했다.

　근본적인 쟁점이 있다. 한국사회를 다원사회로 본다면 당시 보수정당은 보수적인 정책과 이념을 가진 정책과 노선 대결의 경쟁자였다. 이들을 친일파 등으로 몰아가는 것은 민주사회의 정책 대결을 뛰어넘어 일종의 절멸의 대상으로 보는 것이었다. 반면 통합진보당은 불과 1년 후 밝혀지듯이 민주사회의 파트너라기보다는 혁명세력으로 간주할 수 있었다. 사실 이런 사실은 당시에도 충분히 알려져 있었다. 이석기나 이상규 등은 민혁당의 핵심 구성원으로 통합진보당 핵심 지도부가 민혁당 세력임은 언론 보도를 통해서도 알 수 있었다.

　당시 민주당 지도부는 민주주의 사회의 다원적 질서 안에서 민주와 보수가 경합하되 통합진보당과 같은 혁명 세력은 일정한 거리를 둘 수도 있었다. 그들은 통합진보당 핵심 라인의 정치적 성향을 충분히 알고 있음에도 노무현 대통령 사망을 계기로 조성된 급진적 흐름을 타고 보수세력을 친일파 등으로 몰고 보수-민주+진보라는 1:1 구도를 만든다.

진보민주진영의 대연합에 기초해 선거에서 승리하기 위해서는 첫째는 정책이요, 둘째는 후보 문제가 해결되어야 했다.

먼저 정책을 보자. 2012년 3월 10일 합의문에는 통합진보당, 민주통합당과 함께 시민, 사회단체 대표(백승헌, 박석운)가 참가하고 있다. 애초부터 정당 사이의 합의가 아니라 민주시민단체들의 의사를 폭넓게 규합하는 형태를 띠고 있다.

합의문에는 "지난 2011년 9월부터 지금까지 6개월여 동안 종교, 문화, 학계를 망라한 대한민국의 양심적 시민사회 인사들로 구성된 '희망2013·승리2012원탁회의'는 야4당과 협의하여 「희망2013선언」의 정책 노선과 「대한민국을 변화시킬 20개 약속」의 정책 방향을 마련하였다"라고 되어 있다. 합의문을 만드는 과정에서 시민사회의 광범위한 참여가 있었음을 암시한다.

실제로 여기에는 공공임대, 반값등록금(민생과제), 언론악법, 4대강, 공수처(이명박 정권 적폐청산), 6·15 선언 법제화(평화통일) 등을 비롯하여 기타 사실상의 무상의료, 무상보육 등이 포함되어 있다. 전체적으로 급진적인 사회경제 개혁에 방점이 찍혀 있다.

다음으로는 후보 영역인데 민주통합당의 파격적인 양보로 2012년 4월 총선에서 통합진보당은 지역 7석(강동원, 이상규, 노회찬, 심상정, 김미희, 김선동, 이상규)과 비례 6석(이석기 등)이라는 전무후무한 성과를 거둔다. 참으로 놀라운 일이었다.

이를 어떻게 평가할 수 있을까? 필자의 평가 포인트는 09년 노무현 전 대통령의 사망 이후 조성된 정치지형에서 주사파의 지위와 역할이 어떻게 변모했는가이다.

첫째, 2001년 '군자산의 약속'으로 우여곡절 끝에 주사파는 통합진보당으로 결집했다. 민주통합당의 파격적인 양보로 지역 7석, 비례 6석을 차지하는 개가를 울렸다. 물론 연이어 터진 이석기 사건으로 통합진보당이 해산되었지만 민주+진보라는 정치지형은 그대로 유지되고 있다.

2000년대만 해도 범민련과 같은 이적단체·주사파 조직은 정치권·제도권에 접근하기가 어려웠다. 2001년경 우연히 통일부 관리와 이야기할 기회가 있었다. 그런데 통일부 관리는 범민련 남측본부 사무처장인 나를 지목하며 어쩔 수 없이 동석은 하지만 공식적인 자리가 될 수 없다며 선을 그었다. 시간이 지나면서 약화되기는 했지만 정당 차원에서 민주당 계열과 진보당 계열은 어느 정도 구분이 되어 있었다.

이 경계가 무너진 것이 2004년 4·15 총선 무렵부터가 아닐까 싶다. 상호연대는 했지만 정책, 가치관 차원에서는 상호분리되어 있었다. 2009년 이후가 놀라운 것은 민주당 계열 정치 리더들이 애초부터 진보당과 연합하는 것을 당연히 생각하고 있었고 나아가 친운동권, 친진보 성향을 보이고 있었다는 점이다. 위 정책합의문에 서명한 '희망2013 승리2012'의 참가자들은 70년대부터 재야에서 활동했던 운동권들로 이들이 초기부터 민주당과 정책, 선거연대 등을 모색했던 점을 기억할 필요가 있다.

군이 구분하자면 진보당이 민주당을 견인했다기보다는 민주당과 재야를 포괄하는 넓은 인적풀이 70년대부터 그들 모두가 공유하는 세계관, 감성에 기초하여 선거연대를 진행했다고 보는 것이 옳을 것이다.

그것이 가능하려면 70년대 선행 주사파들이 갖고 있었던 원초적인 생각들, 그리고 2010년대 그들이 발전시킨 사상 그리고 선거연대의 당사자였던 통합진보당 3자 모두 일련의 공통점을 갖고 있었다고 봐야 한다.

민주통합당의 주요 리더들(이해찬과 한명숙) 그리고 '희망2013승리2012'의 시민단체 원로들(함세웅, 백낙청, 김상근, 오종렬 등)은 70년대의 맥락에서 보면 모두 그냥 재야였기 때문이다.

정리

주사파란 주체사상에 공감하고 북한을 추종하며 북한의 지휘명령하에 구체적인 활동을 하는 사람을 말한다. 가장 정통한 (orthodox) 주사파는 80년대 중후반 서울의 명문대에서 발흥하여 90년대 중반까지 활동했던 사람들, 그리고 그 연장선에 있던 집단과 사람들이다. 구체적으로 민혁당, 중부지역당 그리고 '군자산의 약속'을 구성했던 경기동부 등이 여기에 속한다. 본문에서 필자는 이를 좁은 의미의 주사파라 명명했다.

좁은 의미의 주사파는 그렇게 많지 않다. 민혁당 당원이 100명 정도이고 중부지역당이나 구국전위 등은 많아야 수십 명 규모이다. 남한 보수파에서 주사파를 터무니없이 과장하고 부풀린 것은 사실도 아니거니와, 현실에도 도움이 되지 않는다.

주사파 문제가 복잡한 이유는 좁은 의미의 주사파가 많지 않음에도 주사파에서 파생된 사람·집단들이 많기 때문에 필자는 이를 선행 주사파, 광의의 주사파 등으로 구분했다.

주사파 문제에서 가장 중요한 맥락은 86년 이전에도 주사파스러운 경향이 있었다는 점이다. 외세에 대한 강한 거부감, 민중이 주인되어 혁명을 통해 천지를 개벽해야 한다는 생각 등은 전통 반체제 사상에 깊이 내장되어 있었다.

86년 주사파의 대발흥은 70년대 이미 충분히 성숙되어 있었던 주사파스러운 제 경향을 주체사상이라는 명료한 정치적 언어로 집약한 것이다. 주사파가 막스·레닌주의에 비해 한국사회에 강하게 착근할 수 있었던 것은 그런 사정의 반영이었다.

80년대 주사, 막스·레닌주의와 같은 명료한 정치적 언어는 약화되었지만 그런 경향들은 강하게 살아 남았다. 86년 이전 주사파스러운 경향이 있었던 것처럼 86~90년대 중반 주사파가 해체되었음에도 주사파스러움은 강하게 온존되었다. 그들은 PD와 참여연대를 넘어 사회 전반으로 파급되어 마침내 세상을 석권했다.

그렇기 때문에 이들을 명료한 정치적 분파로서의 주사파라기보다는 운동권 정도로 통칭하는 것이 어떨까 싶다. 특히 보수파가 주사파라는 용어를 분별없이 남용하는 것에 대응하여 주사파에서 파생된 여러 경향을 주사파와의 동질성보다는 주사파와의 차이를 강조하여 그저 운동권으로 부르는 것이 옳다고 본다.

필자는 지금까지 가능한 주사파의 정의를 좁히려 했다. 이유는 누차 이야기했던 것처럼 일부 보수파의 과장 때문이다. 그렇게 하기에는 현실에 존재하는 주사파들의 문제는 남는다. 예를 들어 한민전을 믿고 따랐던 80년대 후반의 학생운동, 범민련의 지침에 따라 투쟁했던 90년대 중후반의 통일운동을 주사파라 분류하지 않는다면 주사파를 정의하는 의미가 사라질 수 있다.

한민전을 믿고 따랐던 80년대 후반의 학생운동은 첫째, 자신들이 조선노동당과 구분되는 독자적인 남한의 지하당인 한민전을 믿고 따른다고 생각했고 둘째, 김일성, 김정일을 존경하지만 존경의 근거는 지하조직의 수령이라기보다는 한민전의 형제당으로서의 조선노동당의 당수이기 때문이다.

80년대 중후반 이래의 학생운동은 자신이 믿고 따르는 전위·지하조직이 무엇인가에 따라 정치적 입장이 구분되었다. 조선노동당을 믿고 따르는 운동가와 한민전을 믿고 따르는 학생운동가가 있다면 양자는 다른 분파로 분류될 수 있었다. 실제로 당시 운동가들은 그렇게 생각했다.

그러나 이는 조선노동당의 대남공작의 특징과 밀접한 관련이 있다. 조선노동당은 한국의 대학생들이 조선노동당을 믿고 따르는 것이 불필요한 걸림돌을 만들어 운동의 대중적 발전에 장애가 된다고 보고 한민전이라는 위장조직을 만들었다. 범민련도 마찬가지다. 즉 한민전, 범민련은 조선노동당과 구분되는 독자적인 조직이 아니라 조선노동당의 위장조직에 불과했던 것이다.

그렇다면 한민전, 범민련의 지침에 따라 활동했던 사람들은 내용적으로 조선노동당의 지침에 따라 활동한 것과 다름이 없다. 이 경우라면 주사파로 분류하는 것이 옳다고 본다. 이런 문제는 나중에 좀더 다룰 참이다.

주사파의 특징

여기서는 주사파의 특징을 다룬다. 먼저는 서론 형식으로 주사파의 특징을 개괄해 보겠다. 주사파는 주사파가 의미하는 바를 직접적으로 드러내고 수용하기보다는 간접적·은유적으로 받아들였다. 아래서는 주사파의 이런 특징을 여러 갈래로 나누어 기술해 보겠다.

주사파 정의의 중층화

주사파는 중층화되어 있다. 필자는 앞서 주사파를 선행 주사파, 좁은 의미의 주사파, 광의의 주사파 등으로 구분했다. 사람들은 이 중 좁은 의미의 주사파를 주사파로 분류하는 경향이 있지만 그럴 경우 주사파의 거대하고 복잡한 의미를 모두 담을 수 없다. 주사파를 역사적 맥락과 강조점에 따라 분류하고 이들 사이의 연관성을 규정해야 옳을 것이다.

과거 주사파는 항시적인 구속과 처벌의 위협에 처해 있었다. 따라서 섣불리 주체사상을 배우게 되면 그것으로 운동적 자극을 받는 경우도 있지만 위축될 가능성이 더 컸다. 따라서 위축될 가능성이 크거나 교사나 교수, 판검사가 될 역량이 있다면 의도적으로 주체사상 같이 활동을 위축시킬 수 있는 공부를 시키지 않는 경우가 있었다.

나도 그랬던 것 같다. A는 역사 교사를 희망했고 나는 그가 역사 교사가 되는 과정에서 주체사상을 공부하는 것은 불필요한 일이라고 생각했다. 나는 해방전후사에 한정하여 이를 A와 함께 공부했다. A는 훗날 역사 선생이 되었다. 이럴 경우 그는 주사파가 되어 구속 등의 우여곡절을 겪은 경우보다 훨씬 진하고 자신감 있게 활동한다. 아마도 A는 나 또는 우리가 의도적으로 그랬다는 사실을 지금도 잘 모를 것이다.

70년대 재야 운동권을 상징하는 인물 중 하나가 이영희이다. 이영희는 NL-PD를 막론하고 누구나 존경하는 운동권의 뿌리에 해당하는 사람이다.

이영희는 베트남, 중국 같은 동아시아 사회주의를 찬양했다. 70년대 제3세계는 첫째, 중국, 북한 등 정신적 요소를 강조하는 사회주의, 제3세계, 그리고 둘째는 시장·자본주의적 요소를 받아들여 개혁개방의 노선을 걷는 78년 이후의 중국 등으로 나눌 수 있다. 주체사상은 전자에 해당하는데 북한은 넓게 보면 중국의 아류이다. 결국 이영희의 중국 찬양론은 그대로 북한에 적용해도 문제가 없었다. 그러하다면 이영희는 북한이 아니라 중국을 소재로 하고 있을 뿐 주사파라고 해도 과언이 아니다.

이영희를 주사파로 분류하는 사람은 거의 없을 것이다. 그것은 위에서 말한 좁은 의미의 주사파에 한정되는 이야기다. 주사파는 그것보다 훨씬 깊게 뿌리를 내리고 변종했기 때문에 전후 맥락을 판단하여 주사파와의 연관성을 파악할 필요가 있다. 그렇게 보면 이영희는 주사파의 궤적 위에 있는 사람이다.

위장

주사파는 김일성과 조선노동당에 충성하는 사람을 말한다. 그리고 그런 맥락에서 주사파는 일상적으로 김일성, 김정일에게 예를 갖춘다고 보는 사람이 있다. 그러나 주사파 대다수는 그런 일을 하지 않는다. 그것은 일단 위에서 말한 바와 같이 쓸데없이 김일성, 김정일을 들먹일 경우 사람들을 위축시켜 운동을 축소하기 때문이다.

한국사회에서 김일성, 김정일을 존경한다는 것은 쉬운 일이 아니다. 그것은 통일조국을 열망한다는 표현과는 전혀 다른 의미이다.

따라서 김일성, 김정일을 통일조국과 같은 형태로 순화하여 통일조국에 대한 열망을 통해 김일성, 김정일에 충성심을 대체한다. 이렇게 해야만 다수의 대중이 참여할 수 있게 된다.

여기서 주사파에 대한 전통적인 인식과 현실 사이에 극단적인 괴리가 존재한다. 전통적인 인식은 김일성, 김정일에 대한 일상적인 예의와 존경심을 표현하는 것을 주사파라 한다면 현실은 김일성, 김정일에 대해 어느 정도 거리감을 갖고 있는 것이다.

김일성, 김정일에 대한 문제는 조선노동당에 대해서도 그대로 적용된다. 북한은 이를 위해 아예 위장기구를 만들었다. 그리고 그것은 매우 집요하고 끈질기며 장기적으로 진행되었다. 북한은 68년 검거되어 사건화된 통일혁명당이 와해되지 않고 그대로 살아 있다고 주장하며 69년 이를 공개했다. 유령기구에 불과한 통일혁명당은 85년 한국민족민주전선으로 명패를 바꿔 단다.

80년대 중반에서 90년대 초반 북한은 두 가지 상이한 전략을 구축한다. 첫째, 민혁당, 중부지역당을 조직하는 과정에서는 한민전은 유령기구라 보고 조선노동당과 바로 연결한 반면, 둘째, 학생운동, 전대협과 사업할 때는 한민전은 '한국민중의 지향과 의사를 체현한 애국적 전위대'라고 주장한 것이다.

후자가 아니었다면 80년대 중후반의 학생운동은 위축·침체가 불가피했을 것이다. 반면 한국 민중으로 구성된 한민전의 지도를 받는다고 믿었기에 상대적으로 편안하게 한민전에 애정과 충성을 보일 수 있었던 것이다.

필자는 이것이 주사파, 북한 대남 전략의 가장 두드러진 특징이자 대표적인 성공 사례로 본다.

은폐

한국 학생운동의 근본적인 딜레마는 실제 현실과 대중적 표상이 다르다는 점이다. 87년 6월 민주화운동과 연관지어 설명하면 다음과 같다. 6월 민주화운동 당시 학생운동은 인민 민주주의를 지향하고 북한 방송을 광범위하게 청취했으며 친북적 자주통일운동에 깊은 관심을 갖고 있었다. 반면 일반적으로는 순수한 열정과 용기로 반독재 민주화 투쟁을 했다고 본다.

따라서 주사파 운동권은 87년 6월 민주화운동에서 대중적 표상과, 다른 여러 징표들을 오랜 기간 세심하게 지웠다. 대표적인 것이 한민전과 북한 방송 청취이다. 운동권 중에서 한민전과 북한 방송 청취를 모르는 사람은 없다. 그러나 30여년이 넘은 치밀한 침묵 속에서 본인들 이외의 집단에서는 한민전을 거론하는 횟수가 줄어들면서 궁극적으로 기억 자체가 사라졌다.

필자는 운동권 출신 국회의원들의 자서전을 구해 읽곤 한다. 주사파 성향의 국회의원들의 경우 학생운동 경력에서 주사파 또는 주사파와 유사한 경력은 모두 빠져있다. 지금까지 단 하나의 예외도 존재하지 않는다.

무서운 것은 이런 은폐행위가 상대적으로 소수인 운동권 성향의 사람들뿐 아니라 그들과 고락을 같이 했던 주변사람들의 동조하에 진행되고 있는 점이다.

이인영 1기 전대협 의장은 주사파 혁명조직인 반미청년회의 일원이었다. 정확히 말하면 이인영이 고대 총학생회장, 전대협 의장이 된 것은 반미청년회에서 그를 추천했기 때문이다. 그럼에도 이인영의 경력 중에서 고대 총학생회장, 전대협 의장은 살아남고 반미청년회는 사라졌다. 이인영이 반미청년회 회원이었음을 아는 모든 사람들이 그의 경력 속에서 반미청년회 경력을 은폐하는 데 동의했기 때문이다.

부채의식
운동 경력은 세 가지로 나눌 수 있다. 하나는 막스·레닌주의든 주체사상이든 명확한 자기 사상을 갖고 지하당, 학생운동 등에서 최종 수위까지 운동을 하고 징역도 꽤 오래 산 경우이다. 이 경우는 자기 사상을 갖고 운동을 한 경우이기 때문에 전향을 하거나 자기가 틀렸다고 판단되면 정치적 반성과 변화가 빠르다.

두 번째는 시대의 분위기에 따라 운동을 한 경우이다. 이 경우는 분위기에 취해 운동을 한 것이므로 주변 분위기가 바뀌지 않는 한 생각이 바뀌기 어렵다. 일단 이 두 번째가 많다. 세 번째는 운동권 주변에 있다가 이른바 부채의식을 갖고 있는 경우이다.

한국 민주화운동의 최대 특징은 두 번째, 세 번째가 특히 많다는 것이다. 운동은 고통스러운 기억이다. 나만 해도 나와 비슷한 또래의 전경으로부터 맞기도 하고 얼차려도 많이 받았다. 공안기관에 끌려가서는 밝히기 어려운 쪽팔린 기억들도 적지 않다. 따라서 내가 과거를 회고하려면 그런 기억들이 내 발목을 잡는다.

반면 부채의식을 가지고 주로 책이나 영화를 통해 민주화운동을 경험한 사람들은 전형화된 기억을 갖고 있다. 운동권 사람들은 언제나 용감하고 의로우며 경찰은 항상 억압적이고 비열하다는 등, 부채의식과 전형화된 기억들이 결합되면 민주화운동에 대한 경험들은 완전 산으로 간다.

주사파 또는 운동권의 결정적인 특징 중 하나는 운동권의 본류가 아니라 운동권의 지류가 부채의식을 갖고 운동권 다수를 형성하고 있다는 점이다.

역사관
나는 가끔 주사파에 대해 물으면 그것을 주체사상을 신봉하고 김일성, 김정일에 충성하는 사람들이라 하지 않고 한국 근현대사에서 남한보다 북한을 정통이라 믿는 사람들이라고 말하는 편이다. 이것도 전형적인 주사파의 중층적인 성격을 잘 보여준다.

김일성, 김정일을 존경하고 주체사상을 신봉하는 것이 필요할 수 있으나 현실에서 주사파가 하고자 하는 일은 연방제 통일이었다. 연방제 통일은 남한에서 민주정부를 세우고 그 민주정부가 북한과 정치협상을 통해 연방정부를 수립하는 과정이다. 이때 연방제 통일을 하기 위해서는 남한에서 수립된 민주정부가 충분히 연북, 연공 또는 김일성, 김정일에 대한 정치적 존경심을 갖고 있어야 한다.

연방제 통일이 현실적인 정치 강령이라면 그것을 위해 가장 중요한 조건은 남과 북 중에서 북한이 더 정통이어야 하고 그렇기 때문에 정치 협상이 벌어질 때 북한 주도의 통일이 될 수 있다. 즉 북한의 정통성은 연방제 통일의 핵심적인 문제인 것이다.

주사파 운동의 거의 대부분은 통일운동에 있었기 때문에 주사파 운동 상당수도 통일에서 북한에 정통이 있다는 데 맞춰졌다. 문제는 80년대 중후반이 되면 남북한 비교에서 북한이 현저히 뒤쳐져 있었다. 따라서 북한의 주도성을 인정하기 위해서는 가능한 한 시대를 거꾸로 거슬러 올라가야 했다. 해방정국에서 친일파나 남북협상 등이 중시되는 이유가 거기에 있다.

공산주의자들이 공산주의보다 민족주의를 앞세우는 것도 같은 맥락이다.

전략과 전술

내가 주사파로 가장 감동적이었던 장면을 고르라면 89년 8월 한민전 20주년 기념 논문, 「변혁운동의 새로운 도약을 이룩하자」에서 대중투쟁을 논하면서 "투쟁의 계몽적 의의," "승산있는 싸움을 적극 벌이라"는 구절이다.

나는 85~86년 거리싸움을 무수히 진행하면서 투쟁의 본질에 대해 깊은 의문을 갖고 있었다. 87년 6월 민주화운동에 참가한 학생운동 전체가 그러했다. 이때 한민전은 대중을 각성·조직하는 데 투쟁할 이유가 있다는 점, 승산없는 싸움을 하지 말아야 한다는 점 등을 설파했다. 나는 이 주장에 깊이 공감했고 당시 학생운동 전체가 이에 동의하면서 6월 민주화운동의 승리가 가능했다.

대중노선과 품성론 및 전략·전술처럼 활동과 관련된 이론을 통해 주사파가 된 사람이 의외로 많다.

86년 주사파가 서울대를 석권할 때 주사파가 확산될 수 있었던 계기 중 하나를 품성론으로 평가한다. NL-PD는 확실히 다르다. PD 활동가는 섣불리 가르치려 들지만 NL은 일단 사람들의 요구를 듣는다. 이것이 확연한 차이를 만들어낸다. 어디서나 조직에서 NL이 PD를 압도하는 이유는 다름 아닌 활동방식의 차이 때문이다.

90년대 인기를 끌었던 시집이 『바보 과대표』인데 바보 과대표는 과거 농촌 동네의 머슴처럼 궂은 일 마다않고 봉사하는 사람을 형상화한다. 그 시기를 살았던 주사파들도 주체사상을 기억하기 보다는 동네 머슴처럼 학생들을 섬기라는 주체사상의 대중운동 이론을 생각할 것이다.

요약한다면 주사파는 주체사상이라는 사상이 아니라 대중적 풍모와 자세 같은 것에서 찾을 수 있다.

무의식과 변형

80년대 혁명의 시대는 끝났다. 그렇다고 해서 그 시절 혁명을 꿈꿨던 학생, 청년들이 마음을 바꾼 것은 아니다. 막스·레닌주의, 주체사상을 신봉했던 수많은 사람들 중 5퍼센트 또는 10퍼센트 정도만이 생각을 바꿨다. 나머지는 그냥 세월속에 묻어 두었다.

마음 깊은 곳에 가라앉은 혁명의 기억들은 기회가 열릴 때마다 마음을 비집고 나온다. 거기에는 반외세, 민주주의론, 공안기관에 대한 태도 등이 있다.

지금도 동료들과 함께 이야기를 나누면 그들은 검찰독재, 조 중동 같은 용어를 아무렇지도 않게 쓴다. 학생운동을 했다 하더 라도 검찰은 쉽게 볼 수 없는데 말이다. 나도 도합 70일 정도 검 찰 조사를 받았지만 주로 검사실에서 근무하는 검찰 수사관을 상 대하지 검찰을 상대하는 일은 없다. 특별한 경우가 아니라면 검사 를 볼 일이 없다.

그럼에도 그들 대부분은 아무렇지 않게 검찰공화국·검찰독재라 는 말을 쓰는데 그것은 실제 검사를 겪어 본 후의 인상을 표현한 것이 아니다. 20대 시절 가지고 있던 생각에 현재 정치적 상황을 적 당히 비무려 자신의 신념을 구성한 것이나. 그들이 60이 나 된 교 수와 같은 고급 지식인이라 하더라도 결국 그들의 DNA를 작동 하는 것은 20대 시절의 무의식이다.

조선일보 앞을 지나면 '친일매국 언론 조선일보를 해체하라' 는 시위를 보곤 한다. 머리가 희끗한 중년 인사는 몸 크기만한 피 켓을 들고 자신은 태어나 살아본 적도 없는 시대를 들먹이며 시위 를 벌이고 있는 것이다. 장담하건대 그들은 조선일보 기자들과 제 대로 된 대화나 토론 한번 해보지 않았을 가능성이 크다. 그들이 조선일보에 갖고 있는 생각 대부분은 자기들끼리 모여 토론한 결 과이고 대부분은 사실보다는 섣부른 단정과 과장된 정치적 신념 의 결과일 것이다.

따라서 그들을 이해하기 위해서는 그들의 신분, 그들의 주장, 그들의 말보다는 어렸을 적 사고의 원형 그리고 무의식을 이해할 필요가 있다. 이것이 그들을 이해하는 데 좀더 복잡한 작업이 필요한 이유이다.

주사파는 생각보다 복잡하고 다면적이다. 지금까지 주사파의 복잡하고 다면적인 측면을 몇 가지 측면으로 나누어 서술했다. 다음 절에서는 그와 떼려야 뗄 수 없는 한민전을 좀더 이야기해 볼 참이다.

한민전과 위장

한민전, 조선노동당의 위장조직

80년대 중반에서 90년대 중후반까지 한민전이 결정적인 영향을 미쳤다. 한민전이란 한국민족민주전선의 약자로 북한에서 라디오 방송을 한 위장조직이었다.

한민전은 자신을 "한국 민중의 지향과 의사의 체현자이며 애국적 전위대"라고 규정한다. 자신이 북한의 대남선전도구가 아니라 한국 사람들로 구성된 전위조직이라는 것이다. 실제로 당시 학생들은 그렇게 믿었다. 한민전의 핵심 기구들은 서울에 있고 한민전 성원들은 서울을 비롯한 전국 각지에서 실제로 활동하고 있다고 생각했다.

극적인 것은 방송이었다. 당시 필자가 청취했던 한민전 방송을 직접 들려 주면 좋겠다. 평양 방송이든 한민전 방송이든 이는 모두 북한에서 송출되었다. 평양방송은 우리에게 익숙한 평양 말투로 방송을 한다. KBS 방송에서 쉽게 들을 수 있는 억센 평양 사투리가 그것이다. 반면 한민전 방송은 깨끗한 서울말로 방송을 했다.

나는 80년대 후반부터 90년대 초반까지 집에서 방송을 들었다. 지금도 기억에 남는 것은 88년 한-헝가리 수교를 규탄하는 한민전 중앙위원회 성명과, 88년 가을 전-노 구속투쟁에서 "한번 시작한 싸움은 끝장을 봐야 한다"고 주장했던 전 국민에게 보내는 서한, 89년 임수경 방북을 호소하는 성명 등이다.

돌이켜 보면 결정적으로 중요했던 것은 내용이 아니라 말투였다. 방송은 깨끗한 서울말로 시작해 '나긋하게' 이어진다. 압권은 마지막 말이었다.

"… 여기는 서울입니다."

나는 한동안 한민전이 서울에 있고 한국 민중의 지향과 의사의 체현자라는 터무니없는 거짓말을 정말 믿었다. 물론 내 동료들 대부분이 그러했다.

조선노동당과 한민전 사이의 관계는 본 글의 핵심 논점이다. 조선노동당이 있고 한민전은 그의 종속 기구이다. 민혁당이나 중부지역당의 핵심들은 양자 사이의 관계를 위와 같이 이해했다. 이들이 진정한 주사파 또는 좁은 의미의 주사파이다. 반면 나는 한동안 노동당과 한민전은 각각 북한과 남한을 관장하는 기구로 주체사상이라는 동일한 사상을 믿는 사상적 전우 같은 것이라고 생각했다.

그렇다면 한민전을 믿고 따른다는 것은 김일성을 찬양하더라도 일차적으로는 한국 민중의 지향과 의사의 체현자인 한민전을 따르는 것이 된다. 즉 주사파, 북한, 김일성은 한민전을 통해 우회적으로 연결되는 것이다.

이를 표로 정리하면 다음과 같다.

	조선노동당	한민전
실제	조선노동당	조선노동당의 위장기구
남한 학생운동의 정체성	한민전의 형제당	한국민중의 애국적 전위대
김일성, 김정일의 지위	수령	형제당(조선노동당)의 수령

사람들은 주사파가 김일성 사진을 걸어 놓고 묵념이나 예를 올리는 등의 행동을 한다고 생각한다. 물론 그런 사람들도 있다. 그것이 앞에서 말한 좁은 의미의 주사파이다. 그러나 이런 직접적인 방식으로는 주사파의 거대한 규모를 설명할 수 없다. 한국의 반공 교육은 생각보다 강력해서 특별한 사람을 예외로 하면 대부분의 사람들에게는 두려움의 대상이기 때문이다. 북한도 이를 간파했다. 북한은 조선노동당 대신 한민전이라는 위장조직을 만들고 조선노동당에 충성하기를 두려워하는 다수의 청년학생을 한민전을 통해 우회적으로 연결되도록 조치했다.

어느 나라든 간첩이나 공작조직을 운영한다. 북한 또한 그러했다. 만약 그것이 전부라면 북한의 대남공작은 특별할 것이 없었다. 북한은 보통의 맥락에서는 생각하기 어려운 위장조직을 통한 대중 조직화에 관심을 갖고 실제로 그것을 결행했다. 남한의 순진한 학생들이 거기에 말려 들었다. 거기에는 나도 포함된다.

주사파의 전성기는 88~92년 노태우 정권 집권기이다. 첫째, 노태우 대통령이 군부 출신이었기 때문에 여전히 군부의 잔재가 남아 있다고 주장할 수 있었고, 둘째, 직선제가 치러진 지 얼마되지 않아 선거나 정당보다는 대중항쟁이 중요한 정치적 경로로 생각되었으며, 셋째, 87년 6월 민주화운동 이후 대학생의 운동 역량이 크게 강화되었던 시기를 배경으로 한다.

이 시기 한민전을 전위조직으로 생각하는 정치조직·혁명조직들이 기승을 부렸고(여기에는 구학련, 조통그룹, 반미청년회, 자민통 그룹 등이 있다) 이들은 학생회–혁명조직–한민전–조선노동당으로 이어지는 간접적인 고리를 타고 학생들을 대규모·대중적으로 조직했다.

일선 학생의 관점에서 보면 그는 학생회의 지시에 따라 조직과 투쟁을 한 셈이고 반미청년회–한민전은 보이지 않았기 때문에 자신의 투쟁이 조선노동당과 연결되어 있다는 생각을 하지 않은 채 조국과 민족을 위한다는 외피를 쓸 수 있었다. 반면 조선노동당의 입장에서는 느슨하기는 하지만 구조화된 조직적인 흐름을 따라 일선의 학생 대중에게 영향을 미칠 수 있었다.

한민전은 한국 주사파의 특징을 보여주는 핵심 징표이다. 나는 내내 한민전에 대해 생각하고 한민전과 내 청년 시절을 연동하곤 한다. 그리고 거기서 주사파 운동의 진정한 본질을 도출해 보려 했다.

나의 결론은 주사파의 운동의 결정적인 특징은 한민전 뒤에 말할 범민련 등을 통해 스스로를 효과적으로 위장한 점이다. 주사파를 이해하는 핵심 키워드는 다름 아닌 위장이다.

충성맹세

중앙일보와 인터뷰를 한 적이 있다(출처_https://www.joongang.co.kr/ article/23588829#home). 학생운동 과정을 시간의 흐름에 따라 인터뷰한 내용이다. 인터뷰하는 과정은 나름 유익하고 편안했다. 기자도 나를 몰아세우거나 과장하지 않았다.

그런데 막상 기사가 나오니 "김일성에 충성한 나~"라고 제목이 잡혀 있었다. 나는 순간적으로 당황해 기자에게 전화를 걸었으나 해결할 수 없었다.

인터뷰 내용은 대충 다음과 같다. 86년 구국학생연맹(구학련)에 가입했을 때 자취방에서 모임을 한 적이 있다. 정확히 김일성 사진이 어디에 있었는지는 기억에 없다. 대충 김일성 사진이 실린 비합법적인 잡지 같은 것이 있었던 모양이다. 나는 인터뷰에서 그렇게 말했지만 기자는 이를 김일성 사진을 걸어 놓고 행사를 진행한 것쯤으로 받아들였던 것 같다.

기사가 실리면서 평소에 연락이 없던 후배 몇이 우회적으로 나를 비난한다는 이야기를 들었다. 요지는 우리는 그런 일 없는데 왜 학생운동권 대다수가 그런 것처럼 진술하느냐는 내용이다.

실제로 주사파 학생들이 김일성 사진을 걸어 놓거나, 김일성을 거명하면서 행사를 진행하는 것은 생각보다 많지 않다. 나도 김일성이나 김정일을 정면에서 거론하면 다소간 또는 꽤 많이 불편해진다. 중앙일보 인터뷰에서 내가 당황했던 것도 그때문이다.

나는 주사파였지만 주사파의 상징이 되는 제 요소들, 아마도 민혁당이나 중부지역당과 같은 좁은 의미의 주사파라면 그런 것을 늘어놓고 행사를 할 법한 것들, 김일성과 김정일 사진, 권총, 북한 깃발 같은 것이 등장하면 어느 정도 긴장을 하거나 거리감을 느낀다. 반면 충분히 위장된 제 요소들, 남한 민중의 애국적 전위대인 한민전, 한국민족민주전선에서 한국이라는 익숙한 낱말, 조국통일 등에는 부담이 없다.

아마도 주사파의 결정적인 특징은 그것이 날것 그대로가 아니라 한국적 특징에 맞게 치밀하게 위장되어 있다는 점이다. 그래서 주사파를 따르는 학생들은 자기가 북한을 추종한다는 생각을 상대적으로 덜 가지면서 자연스럽게 북한에 추종하는 길로 접어들었던 것 같다.

여기서 주사파의 본질과 특징을 도출하자면 주사파는 효과적으로 자신을 위장할 뿐만 아니라 자신을 간접적으로 드러내어 그에 대한 부담을 갖는 사람들도 편안하게(?) 빠져들도록 했다는 점이다.

태영호 의원은 이인영 통일부 장관 청문회에서 전대협 성원들은 매일 아침 김일성 수령을 경배하는 의식을 갖는다는 식의 질문을 했다. 이인영 장관은 당연히 "아니다"라고 답할 것이다. 거짓말을 하는 것이 아니라 실제로 그러했다. 전대협 의장이 참여하는 가운데 김일성에게 예를 올리는 모임 따위는 예외적인 경우가 아니면 없기 때문이다(물론 예외적인 경우가 있다. 94년 김일성이 죽었을 때 전남대 학생들은 학교 안에 추모공간을 마련한 바 있다)

태영호 의원의 사례는 주사파의 본질인 위장을 잘못 이해한 경우이다. 한국의 주사파는 충분히 위장되어 있다. 덕분에 학생운동의 주사파적 본질은 김일성에 충성맹세를 하는 것과 같은 직접적인 형태가 아니라 매우 우회적이고 간접적인 형태로 드러난다. 이에 다가서기 위해서는 보다 섬세하고 치밀한 접근이 필요하다.

범민련

범민련은 조선노동당 통일전선부가 만든 것이다. 조선노동당 통전부는 남한과 사업하기 위해 다양한 위장조직을 만든다. 범민련 북측본부가 그런 조직 중 하나이다. 범민련 북측본부는 통일사업을 하기 위해 조선노동당 통전부가 만든 위장조직으로 통전부 성원은 조선노동당 당원이면서 통전부의 외피를 쓰고 범민련 남측본부와 사업한다.

필자는 처음 범민련 북측본부가 남한처럼 각계각층의 조직들을 규합한 대중조직으로 생각했다. 시간이 지나면서 그게 조선노동당이 만든 페이퍼 조직에 불과하다는 것을 알게 되었다.

아마도 이 글을 보는 다수의 통일운동 참가자들은 범민련은 각계각층이 규합된 범민족적 통일운동 조직이라 생각할 것이다. 심각한 착각이다. 다음은 누군가에게서 들은 이야기인데 누구인지는 기억이 나지 않는다. 그렇지만 그로부터 들은 이야기가 사실에 부합할 것이다.

만약 범민련이 문자 그대로 각계각층을 포함한 범민족적인 통일운동 조직이라면 범민련 북측본부 안에 조선노동당도 들어간다. 그런데 실상은 조선노동당 통일전선부의 한 구석에 책상 하나 있는 조직이라는 것이다. 그리고 거기서 범민련 관련 일을 하는 사람들은 아마도 조선노동당의 정체성을 훨씬 많이 갖고 있을 것이고 업무분장에 따라 어떤 때는 범민련, 다른 때는 민화협 하는 식으로 역할을 나눴을 것이다.

본격적으로 문제가 된 것은 재판 과정이었다. 나는 일본에 거주하는 박용과 전화·팩스교환한 혐의로 재판을 받았고 이 때문에 97년, 2003년 두 번에 걸쳐 국가보안법으로 재판을 받고 각각 간첩 혐의로 2년씩 두 번, 총 4년을 감옥에서 살았다.

재판 과정에서 문제가 된 것은 박용의 지위였다. 나는 박용을 범민련 공동사무국 부총장으로 보고 그와의 대화를 범민련 내부의 대화라고 주장한 반면 공안 당국은 그를 북한의 공작원으로 보았다.

만약 내가 민혁당을 했다면 이런 문제가 없다. 민혁당이나 중부지역당 관련 기록을 보면 그들은 처음부터 조선노동당과 한민전 또는 범민련 등의 관계를 정리하고 시작한다. 그들의 관점에서 본다면 남한의 혁명가가 남한혁명의 독자성을 강조하는 한민전의 일원이라는 정체성을 갖는다면 곤란한 문제가 발생할 수 있다. 그렇기 때문에 그들은 한민전이 사실은 조선노동당의 위장조직임을 밝히고 시작한다.

이에 비해 범민련은 끝까지 조선노동당과는 별 상관없는 조직이라고 주장한다. 북한 체제에 대한 약간의 이해만 있더라도 믿기 어려운 황당한 주장인데 나는 한참 동안 범민련을 7천만 겨레의 통일 의지를 결집한 거국적인 통일운동 조직 운운하는 주자에 빠져 있었다. 자조 섞인 표현을 하자면 결국 나는 간첩이되 민혁당과는 차원이 다른 2급 간첩이었다고 볼 수 있다.

범민련의 지위 문제는 북한의 대남사업의 기본 방향과 관련된 예민한 쟁점을 갖고 있다. 북한이 보기에 조선노동당으로 사업을 하다가는 남한과 제대로 사업하기 어렵다. 내 경우에도 만약 박용이 조선노동당과 관련된 직책을 갖고 나와 만났다면 그와 대화하기 어려웠을 것이다. 무엇보다 통일사업을 하기 때문에 공안기관의 탄압을 받아도 좋다는 것과 같은 대의명분이 약화되고, 구속되었을 때의 형량도 달라진다.

따라서 북한의 입장에서는 조선노동당이 아니라 적당한 위장조직을 두어 사업하는 것이 훨씬 유용하다. 나는 범민련 사업을 하던 어느 시점에 북한의 기만전술, 즉, 범민련이란 결국 조선노동당의 외곽조직이라고 생각했다.

지금은 그것이 조선노동당이 아니라 적당한 위장조직을 두어 그와 사업한 남한 사람들, 남한 조직의 두려움을 약화시켜 사업을 대중화·활성화하는 북한 대남공작의 본질이라고 생각한다. 북한 대남사업의 본질은 가능한 조선노동당 대신 한민전, 범민련 북측본부 등의 징검다리를 두어 위장하는 것이 대남사업의 핵심인 듯하다.

95년 11월 29일 범민련 간부에 대한 일제 연행이 있었다. 그야말로 전국의 범민련 주요 간부들이 모두 연행되었다. 당시 몇 되지 않는 청년 간부였던 나는 며칠의 고민 끝에 범민련 남측본부 사무처장이 된다.

사무처장을 자임했을 때 했던 가장 큰 고민은 고문이었다. 지금 생각하면 현실과 거리가 먼 공상적인 고민이었다. 훗날 연행되어 보니 안기부는 이미 증거 위주의 수사를 하고 있었다. 따라서 연행 과정에서 가장 고민해야 할 것은 고문이나 구타가 아니라 증거를 주지 않아 연행 시기를 늦추는 것이었다. 여하튼 나는 당연히 꽤 가혹한 고문을 다할 것으로 보고 그에 대한 마음의 준비를 하고 있었다.

또 다른 고민은 오랜 시간의 징역에 대한 문제였다. 이러저리 고민 끝에 나는 별 근거없이 연행되면 10년 정도 살지 않을까 고민하곤 했다. 그때가 30대 초반이었으니 연행되면 40대가 넘어서 세상에 나올 거라는 생각이었다. 그리고 너무도 당연히 집안은 풍비박산이 나 있을 것으로 보았다. 결과적으로 나는 2년 정도만에 감옥을 나왔고 세상은 내가 감옥에 갔을 때와 거의 달라져 있지 않은 상태로 그대로 있었다.

당시는 고문과, 구속 기간에 대한 환상이 있었다. 우리는 민주화운동을 대개는 각지의 혁명운동, 독립운동처럼 묘사하고 있었기 때문에 고문 여부, 형량 등을 터무니없이 과장하고 있었다. 물론 나와 내 동료들도 그러했다.

그랬기 때문에 지하운동에 대한 주관적인 각오 정도와 진입장벽이 매우 높았다. 당시 떠돌던 이야기들과, 심각한 고문에 대한 이야기, 감당하기 어려운 구타, 믿기 어려운 장기 투옥 등 때문에 지하운동에 가담하는 등의 활동은 상당한 각오를 요구했다. 역으로 말하면 조선노동당이 전면에 서는 방식을 일관되게 적용했다면 주사파 운동은 결정적인 난관에 봉착했을 것이다.

과도한 책임을 요구하는 것은 운동을 위축시키는 결정적인 장애물이다. 투쟁을 독려하기 위해 열정을 불러 일으키되 적절한 경로를 통해 투쟁이 승리할 것이라는 점, 감당할 수 없는 너무 큰 희생은 없을 것이라는 점을 주지시켜야 한다. 무리한 희생을 강요하는 것은 운동을 위축시키는 결정적인 장애물이기 때문이다. 누구보다 북한은 이를 잘 이해했다. 이것이 조선노동당이 아니라 한민전과 같은 위장조직이 필요했던 이유이다.

돌이켜 보면 내가 청춘의 시기를 보냈던 범민련은 조선노동당이 내세운 수많은 위장조직 중 하나였던 셈이다.

노래

위장·은폐와 관련된 몇 가지 사례를 들어 보겠다. 먼저 「김일성 장군의 노래」와 「김정일 장군의 노래」를 소개한다. 「김일성 장군의 노래」는 …

장백산 줄기줄기 / 피어린 자욱
압록강 굽이굽이 / 피어린 자욱
오늘도 자유조선 / 꽃다발우에
력력히 비춰주는 / 거룩한 자욱
아 그 이름도 그리운 / 우리의 장군
아 그 이름도 빛나는 / 김일성 장군

(출처_https://www.youtube.com/watch?v=k6Lr6jLGdCg)

「김정일 장군의 노래」는 …

백두산 줄기 내려 / 금수강산 삼천리
장군님 높이 모신 / 환호성 울려가네
백두의 위엄 빛내신 / 인민의 영도자
만세, 만세, 김정일 장군

사람들은 주사파를 논할 때 주사파들이 위수김동(위대한 수령 김일성 동지), 친지김동(친애하는 지도자 김정일 동지)이라 부르고 김일성, 김정일에 대한 묵념을 한다고 생각한다. 그리고 위의 노래를 즐겨 불렀으리라 추측한다.

실상을 정확히 이해하기 위해 후배들에게 물어 보았다. 아래는 주사파 학생운동을 했던 나와 후배의 이야기다.

나는 운동할 때 「김일성 장군의 노래」가 있다는 것을 알았다. 다양한 공간에서 모두 다 합쳐 10번쯤 들었기는 했지만 대수롭지 않게 넘겼다. 노래가 조금 어려워서 지금도 입에 붙지 않는다. 유튜브에는 노래가 나온다. 나는 옛날을 돌아보며 가끔 듣는 편이다. 동료나 후배들은 더 그럴 것이다. 대체로 그런 노래가 있는지는 알지만 그것을 즐겨 부르거나 알지는 못하는 것 같다.

이유는 다음과 같다. 너무 노골적으로 그러면 바로 공안당국의 표적이 된다. 대놓고 부르기는 부담스러운 것이다. 노래를 부르고 싶은데 주변의 시선이 따가워서 못 부르는 것도 아니다. 내가 주사파였던 시절은 우리는 「김일성 장군의 노래」 같은 직접적인 방식이 아니라 다음에 소개할 간접적이고 은유적인 방식으로 우리를 표현해왔기 때문이다. 이것도 위장의 한 표현이다.

「김정일 장군의 노래」가 있다. 나는 2000년대 초반경 어느 언론사 홈피에서 처음 들었다. 혁명운동의 관점에서 그랬다기보다는 그냥 호기심이었다. 김일성 장군의 노래에 비해 노래가 좋다. 주사파 중에서 이 노래를 아는 사람은 거의 보지 못했다.

2003년 대구 유니버시아드 결승전에서 북한 여자축구 선수단이 일본을 꺾고 우승을 차지했다. 북한 선수단은 북한 응원단 앞에 가 함께 이 노래를 불렀다. 북한 선수단을 응원하기 위해 응원단석에 있던 사람들 중 **파 동료들이 이 노래를 따라불렀다. 역시 조직운동이 달랐다. 전국연합 3파 중 하나에 속했던 **는 일반 조직원들임에도 이 노래를 잘 알고 따라 부르는 것이었다. 대체로 이것이 실상에 가깝다.

그럼에도 우리는 북한 노래를 자주 부르곤 했다. 뒷풀이 때는 늘 북한 노래 「생이란 무엇인가」, 「동지애의 노래」를 함께 부르곤 한다. 현역 시절 나의 애창곡이기도 했던 「생이란 무엇인가」의 가사는 다음과 같다.

생이란 무엇인가 / 누가 물으면
우리는 대답하리라
마지막 순간에 / 뒤돌아볼 때
웃으며 추억할 / 지난 날이라고

시냇물 모여서 강을 이루듯 / 날들이 모여 생을 이루리
그 생이 짧은들 누가 탓하랴
영생은 시간과 인연 없어라
생이란 무엇인가 / 누가 물으면
우리는 대답하리라
세월이 간 데도 있을 수 없는 / 조국에 바쳐진 순간이라고

고요한 아침에 이슬이 지듯
나의 생이 살아진대도
어머니 조국은 기억하리라
그대의 이름과 걸어온 길을

느낌이 어떤지 모르겠다. 여기서 김일성, 김정일이라는 말은 등장하지 않는다. 보기에 따라서 조국을 위해 목숨을 바쳐 싸우려는 순수한 청년들의 애국심을 형상화한 것으로 볼 수도 있다. 따라서 남한, 북한을 가리지 않고 부를 수 있는 노래처럼 보인다.

위 노래에서 김일성, 김정일이 직접 등장하지는 않지만 은유적으로 등장한다. 영생, 조국은 김일성, 김정일에 대한 충성을 완곡하게 표현한 것이다. 굳이 따지자면 전체주의·집단주의에 가까운 노래이다.

다음으로 「동지애의 노래」를 소개한다.

동지애의 노래

가는길 험난해도 시련의 구비 넘으리
불바람 몰아친다 해도 생사를 같이 하리라
천금 주고 살 수 없는 영원한 동지의 사랑
다진 맹세 변치 말자 한별을 우러러 보네

돌위에 피어나는 꽃은 그 정성 바친 것이어요
죽어도 잃지 않는 생은 그 사랑 주신 거라네
비가 오나 눈이 오나 가야 할 혁명의 길에
다진 맹세 변치 말자 한별을 우러러 보네

「생이란 무엇인가」와 느낌이 비슷하다. 노래는 조국, 동지, 혁명, 영생 등을 노래한다. 여기서 다소 뜬금없이 한별(김일성과 김정일)이 등장한다. 북한은 혁명, 동지애는 수령을 매개로 이뤄지는 것이다.

따라서 혁명은 추상적인 개념이 아니라 김일성, 김정일에 대한 충성이라는 형태로 나타난다.

이 노래는 「김일성 장군의 노래」, 「김정일 장군의 노래」보다 훨씬 자주 부르곤 했다. 이유는 김일성, 김정일이라는 말이 별로 등장하지 않고 등장하더라도 한별이라는 우회적인 형태로 등장하기 때문이다. 이 또한 북한스러운 가사와 노래들이 한국으로 전파될 때 간접적이고 우회적인 형태를 띠어야만 자연스럽게 전파될 수 있음을 보여준다.

나는 북한 얘기나 노래, 북한을 다룬 영상물이 낯설게 느껴질 때가 있다. 그들은 북한이라는 세상 속에서 태어나 북한스러움을 노골적으로 드러내도 괜찮은 환경 속에서 자랐다. 덕분에 그들은 북한스러운 표현과 감수성에 익숙하다. 반면 남한 주사파들의 감수성이나 정서는 북한스러움을 적절히 남한 환경에 맞게 개조한 남한에 토착화된 형태이다.

그렇기 때문에 남한 주사파들에 대해 가해지는 일련의 공격을 진심으로 받아들이기 어려울 수 있다. 여기에는 다음과 같은 내용들이 포함되어 있다.

나는 김일성, 김정일을 존경한다.

나는 북한에 가서 살고 싶다.

북한이 연평도 포격, 천안함 폭침을 저질렀다.

북한은 호시탐탐 남한을 침범하려 한다.

조금 더 전진시키자면 주사파들은 그런 질문에 남한의 일반 대중보다도 잘 모르거나 생각해 보지 않았을 가능성이 크다. 북한에 대한 그들의 이미지는 남한 주사파·운동권 구미에 맞게 각색된 북한이다. 이때 정치적 견해를 유지하기 위해 너무 힘든 것은 생각 자체를 하지 않을 수 있다. 그중 하나가 김일성, 김정일, 김정은에 대한 생각, 북한이 도발한 군사적 사건들, 그리고 북한 인권 문제 등이다.

북한 인권 문제가 화제가 되었다고 치자. 주사파스러운 생각을 가진 사람들은 북한 인권 문제는 일차적으로 안기부의 조작이거나 상대방이 자신을 정치적으로 궁지에 몰기 위해 채택된 주제라고 생각할 가능성이 높다. 그렇기 때문에 사실을 받아들이는 데는 더 많은 시간과 노력이 필요하다. 반면 다수의 일반 대중은 담담하게 북한 인권 문제를 받아들인다. 따라서 남한의 주사파는 북한에 특별한 관심을 두면서도 그러한 메커니즘 탓에 북한의 실상에는 어두울 수 있다.

나도 어느 정도 그런 것 같다. 북한의 사상이나 통일 전략에 대해 상당히 많은 것을 알면서도 탈북자들이 전하는 초보적인 북한 실상에 대한 이야기도 낯설게 느껴질 때가 많다. 그만큼 이데올로기적 각색에 따라 선택적으로 북한 문제를 받아들이기 때문이다.

　주사파의 순도가 강한 사람들, 즉 순도가 강해서 실제 북한과 대면했던 사람들일수록 전향 비율이 높은 반면 주사파의 순도가 약한 사람들 그래서 북한에 대한 생각이 공상적일수록 전향 비율이 낮은 것도 그 때문인 듯하다. 나도 전자에 해당한다.

　결론을 말하자면 다음과 같다. 주사파 문제의 핵심은 조선노동당에 가입해서 실제적인 활동을 했던 사람보다는 그것이 한민전-혁명조직 등의 형태로 왜곡되어 간접적인 방식으로 북한을 받아들인 사람에 있는 것 같다. 이들은 숫자가 많고 사회에서 중추적인 지위에 있으며 결정적으로 자신이 주사파를 간접적으로 받아들였기 때문에 두 가지 내면세계(한편으로는 주사파 활동을 했지만 다른 한편으로는 주사파를 정면으로 받아들이지 않았기 때문에) 중 정치적 필요에 따라 전자는 편의적으로 묻어두고 자신을 후자라고 주장하고 있다. 이 책의 주장은 주사파였던 과거를 온전히 세척하지 않으면 현재도 문제가 있다고 보는 것이다.

「사랑의 불시착」

현빈과 손예진이 주연한 「사랑의 불시착」이라는 드라마가 있다. 남자가 보기에도 현빈은 너무 잘생겼고 손예진은 너무나 사랑스럽다. 그런데 이건 남한에서 그린 북한 이야기다.

사실 인간의 뇌가 그렇다. 완성 착각이라는 것이 있다. 사람의 얼굴을 적당히만 스케치해도 인간의 뇌는 나머지 여백을 메우며 인간의 얼굴 형상을 만들어낸다. 이때 사람의 얼굴을 완성하는 것은 기본적으로 뇌다.

「사랑의 불시착」을 비롯해 많은 한국 드라마들은 있는 그대로의 북한이 아니라 남한 사람들, 특히 어떤 종류의 사람들의 '뇌'로 본 북한이라고 할 수 있다.

돌이켜 보면 나도 그랬던 것 같다. 북한과 통일을 입에 달고 살았지만 결국 내가 본 것도 있는 그대로의 북한이 아니라 통일운동을 하는 사람의 '뇌'를 빌려 북한을 본 것이다.

90년대 후반, 우연히 TV 예능 프로그램에서 탈북한 남자와 남한 여자들이 미팅하는 장면을 본 일이 있다. 50분 정도 동안 내 눈에 들어왔던 것은 북한 남자들의 키였다. 4명 모두 170이 채 안될 정도의 키, 떡 벌어진 어깨를 갖고 있었다. 시차는 있겠지만 현빈과 같은 북한 군인은 존재하지 않거나 희귀한 존재였다.

2005년 평양에 갔을 때도 그러했다. 단고기를 먹고 있는데 북한 청년 한 사람이 내 옆으로 다가오며 말을 걸었다. 내가 통일운동을 했다고 하니 구미가 당기는 모양이었다. 그 친구에게서 받은 인상도 그러했다. 작고 다부지고 다소 와일드한 … 현빈과 같은 이미지는 찾기 어려웠다. 현빈은 실제 북한에서는 찾을 수 없는 남한 사람들이 만들어낸 허구의 존재이다.

주사파란 결국 북한에 대한 우호적인 생각 궁극적으로는 북한 체제를 남한 체제보다 낫니고 생각하는 사람들이다. 이런 생각이 출현하게 된 계기는 5·18 이후 반전두환 투쟁 때문이다. 돌이켜 보면 전두환 반대 투쟁은 3세계에서 흔히 볼 수 있는 민주화운동의 하나였다. 학생들은 이를 독립운동 또는 혁명으로 오인했다.

이른바 혁명이라는 이름 하에 온갖 금기에 도전하기 시작한다. 80년대 초반 가장 결정적인 금기는 다름 아닌 북한이었다. 이로써 반독재투쟁이 격렬해질수록 그것의 역편향으로 북한에 대한 신비화가 심화되고 마침내 주사파가 등장한 것이다. 따라서 주사파들이 북한에 대해 많은 걸 알고 있다고 생각하지만 실은 그렇지가 않다. 돌이켜 보면 그들의 이야기는 기본적으로 남한 통일운동의 '뇌'로 본 북한에 대한 것이다.

그렇기 때문에 다음과 같은 한계를 갖는다. 첫째, 그릇된 해석을 담고 있다. 그들은 기본적으로 전두환 체제에 대한 반감에서 출발했기 때문에 전두환 체제의 생각을 무턱대고 전복하려 했고 그 과정에서 판타지에 가까운 생각을 만들어냈다. 둘째, 어느 정도 나이가 든 이후 벌어진 북한 관련 이슈 중에서 자신들에게 불리한 사실에 대해서는 침묵한다. 대표적인 것이 천안함, 연평도 등의 문제이다. 셋째, 새롭게 제기된 문제에 대해서는 그것이 불리할 경우에는 그들의 생각 안으로 끌어들이지 않는다.

아래에서는 주사파 북한관의 변천 과정을 위의 세 가지로 나누어 소개해 보겠다.

80년대 초반 주사파가 가장 먼저 제기했던 문제는 김일성과 김정일의 신원이었다. 70년대까지 남한에서 김일성은 진짜 김일성 장군의 이름을 도용한 가짜, 김정일은 부녀자를 겁탈한 철면피였다.

주사파는 김일성이 가짜가 아니라 보천보전투를 진행한 진짜이고 나아가 김일성이 반일 독립운동의 중심이라고 주장했다. 같은 맥락에서 김정일은 그런 김일성의 믿음직한 후계자가 되었다. 이것이 초기 주사파의 작업이다.

90년대 초반 사회주의가 멸망하면서 사회주의 붕괴에 대한 북한의 변화된 이미지가 필요했다. 이때 동원된 것이 소련식 사회주의와 북한식 사회주의가 다르고 북한은 가난하지만 존엄과 긍지를 갖고 산다는 것이다. 통일문제에 대해서는 처음에는 독립운동의 정통성을 쥔 북한과의 문제라면 사회주의 붕괴 이후에는 가난하지만 여전히 인간성을 갖춘 북한과의 문제가 된다.

이 정도가 86세대의 북한관·통일관으로 이 86세대의 북한관이 교육, 언론, 문화 영역에 확산되면서 「사랑의 불시착」과 같은 드라마들이 만들어진 것이다. 「사랑의 불시착」은 시종일관 남과 북을 인간적이고 따뜻하게 묘사하는데 이는 80년 직후 북한을 정통으로 생각했던 86세대의 북한관이 사회주의 붕괴 이후 인간미 넘치는 북한으로 변모하는 과정과 맥을 같이 하는 것이다.

89년 3월 문익환, 6월 임수경, 그리고 황석영, 서경원 등이 북한을 방문한 이후 그들이 우리에게 전해 준 북한관이 그러했다. 출처는 잘 기억이 나지는 않는다. 문익환 목사가 북한을 방문하고 나서 그를 연행하던 경찰관과 나눈 대화가 뚜렷이 남아있다. 뜻을 해치지 않는 선에서 정리해볼까 한다.

경찰관이 "그래도 대한민국이 조국이 아니냐"고 묻자 문익환 목사 왈, "당신의 조국은 38선 이남이지만 나의 조국은 한반도 전체야"라고 답한다.

수십 년이 지났지만 기억에 선연한 문익한 목사의 답이다. 문익환 목사는 38선 이남에 존재하는 현실의 조국은 부정하면서도 38선 이북까지를 포괄하는 가상 속의 조국은 조국이라 믿고 있는 것이다.

임수경과 황석영의 답변도 그러했다. 임수경은 남한에 온 후 책을 냈는데 책 제목이 『어머니, 하나된 조국에서 살고 싶어요』였고 황석영의 책 제목은 『사람이 살고 있었네』였다.

89년이면 천안문사태가 있고 베를린 장벽이 흔들리던 시점이었다. 그들은 사회주의 붕괴라는 현실 대신 관념의 성채에서 조국통일의 신념을 구축하고 있었던 것이다. 그러기 위해서는 가상의 북한이 필요한 법, 여기서 진보의 익숙한 버전을 끌어들여 가난해도 인간다운 북한이라는 레토릭을 만들어내고 이것을 통해 통일운동의 근거를 찾은 것이다.

가난하지만 인간다운 북한은 90년대 중반 가난하지만 존엄을 지키는, 나아가 세계에서 유일하게 반미투쟁을 하는 북한으로 발전한다. 역시 노래가 좋다. 90년대 중후반 선풍적인 인기를 끌었던 노래극단 희망새는 다음과 같이 노래한다.

세상을 바라보라

세상을 바라보라, 그러면 알 수 있네
어디서 자주의 깃발, 한없이 날리는지
이 세상 한복판에 반미 깃발 높이 솟은

아~ 조국 나의 조국이라네
세상을 바라보라 그러면 알 수 있네
어디서 승리의 깃발, 끝없이 날리는지
이 세상 한복판에 그 신념 변함없는
아~ 조국 나의 조국이라네

여기서 조국은 아마도 북한일 것이다. 90년대 중후반, 가난하지만 인간미 넘치는 북한은 미국 주도의 세계 질서에서 고독하게 반미 깃발을 세우고 있는 가난하지만 "자주의 깃발"을 움켜쥐고 있는 영웅적인 북한으로 묘사된다.

이 주사파의 독특한 정서는 2000년대 중반 차베스에 대한 열광적인 지지와 사실상 같은 것이다. 관념 속에 있는 이상향을 제멋대로 현실에 투영하는 것 말이다.

북한은 83년 버마 아웅산 묘지에서 대규모 테러를 저질렀다. 테러 전후에 학생운동 세력은 비교적 담담히 그것이 북한의 소행임을 인정했다.

상황이 돌변한 것은 87년 11월 KAL 858 사건 때부터이다. 주사파가 학원가를 장악하기 시작하면서 북한과 관련한 문제가 터졌을 때 덮어 놓고 안기부의 조작이라며 북한의 행동을 감싸안으려는 경향이 나타나기 시작했다.

주사파의 리더 중 한 사람인 구해우는 이에 대해 '북한에 의한 KAL기 폭파 테러를 조작이라고 몰고 간 점을 주사파의 3대 잘 못'이라고 주장한다. 나머지 2개는 북한 노동당과 직·간접적 연계를 가진 점, 임수경을 북한에 파견한 점을 들고 있다.

KAL 858 사건이 하나의 단초가 되었다. 이후 진보민주 진영은 북한과 관련한 어떤 문제가 터졌을 때 이를 조작·음모로 몰아가곤 했다. 천안함, 연평도 등 모든 사안들이 그러했다.

인간미 넘치는 북한이라는 이미지를 갖고 북한관을 전반적으로 재구성했던 것과는 다른 상황이었다. 천안함, 연평도는 기본적으로 감당하기 어려운 사안이었다. 여기서 두 가지 전략이 나오는데 하나는 조작 음모설이고 다른 하나는 사실 자체의 '사이즈'를 줄이는 것이다.

전자는 위험한 전술이다. 따라서 일부 튀는 사람들만 이 어설픈 전략에 뛰어든다. 효과적인 것은 후자이다. 누군가 천안함에 대해 관심을 보이면 무심하게 흘려 버리는 것이다. 그렇게 시간이 흐르면 사실 자체가 줄어든다. 그리고 민주화운동을 했던 사람들은 천안함 문제가 제기되면 왜 그것이 화제가 되어야 하는가라며 의문을 제기한다. 의문을 제기하는 것도 말로 하는 것이 아니다. 당신이 말한 그 주제는 애초 무의미한 주제였다며 무언의 제스처, 표정을 통해 그것의 사이즈를 줄이는 것이다. 이것이 주사파 운동권의 위대한 전술, 즉 은폐이다. 반복하자면 앞에서 말한 위장까지를 고려하면 주사파를 이해하는 데 가장 중요한 키워드가 위장과 은폐 그리고 무의식이다.

다음으로는 자신에게 불리한 북한을 알려 하지 않는다는 점이다. 대표적인 것이 북한 인권이다. 북한 인권, 북한의 실상에 관한 정보는 차고 넘친다. 그럼에도 진짜 북한 이야기는 86세대의 관심이 아니다. 그들이 어렸을 때 그들의 '뇌'로 바라본 북한과 다르기 때문이다.

사실 대부분의 사람들이 북한 이야기에 관심이 없다. 어쩌면 이것이 정상적인 반응이다. 그러나 86세대는 80년 5·18 이후 세상을 전복하는 입장에서 북한 이야기를 중심에 세웠던 사람들이다. 그러나 그들의 북한 이야기는 그들의 구미에 맞을 때만 작동한다. 북한의 현실이 그들이 선호하는 스토리와 맞지 않는다면 그들은 관심 자체를 갖지 않을 것이다.

최근에는 탈북자들이 하는 유튜브 프로들이 매우 많다. 나는 가끔 그걸 본다. 탈북해서 처음 서울에 들어왔을 때 인천공항의 규모에 놀랐다는 이야기, 국정원에서 식사를 마음대로 할 수 있어 놀랐다는 이야기, 국정원의 직원들이 젠틀해 놀랐다는 점 등이 그러하다.

내가 놀랐던 것은 탈북자가 한국에 놀라는 포인트가 사상이나 체제 문제가 아니라 일상생활의 소소한 영역이라는 점 때문이다. 물론 소소한 일상에 체제 문제가 담겨 있는 것은 당연하지만 말이다.

결정적으로는 범민련 남측본부 사무처장을 했던 내가 북한을 잘 모르고 있었다는 데 놀랐다. 명색이 통일운동을 하고 유튜브를 보기는 했지만 얼마나 사실 그대로의 북한을 알고자 했는가에 대해서는 회의적이다. 결국 문익환과 임수경처럼 가상의 북한을 머릿속에 그려놓고 그것을 대상으로 통일운동을 해오지 않았나 싶다.

많은 사람들이 친북적 통일운동에 대해 "그렇게 북한이 좋으면 북한에 가라"는 말을 하곤 한다. 친북적 통일운동에서 말하는 북한은 현실에 존재하는 북한이 아니라 관념 속에 존재하는 가상의 조국이다. 두 개의 북한이 존재하는 것이니 그런 주장들이 통할 리 없는 것이다. 극단적으로 말하면 북한에 가서 실제로 현실을 보더라도 달라지지 않을 가능성이 크다. 그들의 진리는 그들의 머릿속에 있기 때문이다.

80년 이후 북한은 점차 수세에 몰려 왔다. 덕분에 86세대의 북한 이야기도 점차 말라가고 있다. 그들은 북한을 가장 잘 안다고 주장하지만 어쩌면 북한에 대해 가장 모르는 세대인 셈이다.

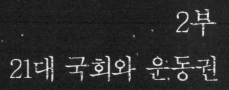

2부
21대 국회와 운동권

21대 국회, 운동권 출신 민주당 의원

규모

21대 총선에서는 운동권 출신인 민주당 국회의원이 몇 명이나 될까? 운동권 출신이라는 말 자체가 애매한 개념이다. 각 대학 총학생회장을 기준으로 할 수도 있고 몇 년 이상의 투옥 경력을 기준으로 삼을 수도 있다. 그러나 어떤 경우든 주관적이고 애매할 수밖에 없다.

그러던 중 시중에 떠도는 언론인 서옥식 선생의 자료(하단 참조)를 보게 되었다. 경험에 따르면 대체로 정확하다고 본다. 좀더 엄밀한 정의가 필요할 수 있으나 운동권 청산 논의를 이어가기 위해서는 일단 이것으로 충분하다고 본다.

운동권 출신은 민주당이 압도적으로 많다. 그러니 민주당 국회의원을 분모로 하는 것이 현실적으로 옳다고 본다. 여기서는 분모를 민주당 출신 의원 163명으로 정하기로 한다.

그럼 21대 국회에서 민주당 출신 국회의원 중 운동권 출신들의 숫자는 대략 70/163명=42.9퍼센트이다. 계산을 해놓고 나니 황당하기 그지없다.

그야말로 독자 여러분이 보는 대다수 국회의원들이 운동권 출신이라고 보면 된다. 이를테면, 정청래와 서영교, 김민석 등 민주당 국회의원이 거의 대부분 여기에 해당된다. 그럼에도 운동권이 체감되지 않는 이유는 첫째, 우리 모두가 너무 '운동권스러운' 시대에 살고 있고, 둘째는 운동권 출신 국회의원들이 교묘하게 자신의 운동권 경력을 숨기고 있기 때문이다.

우리 모두는 운동권스러운 시대에 살고 있다. 24년 총선 거리 유세를 볼 때마다 근 40년 전 과거가 생각날 때가 있다. 진보와 보수를 넘어 그들 모두는 40년 전 어린 대학생들이 군부독재에 저항하며 동료를 불러 모았던 낯익은 말투와 어조, 그리고 논리를 닮았다. 그렇기 때문에 운동권스러움은 삶의 일부처럼 자연스럽게 우리 삶에 녹아 있다. 운동권 문화가 우리 삶 깊숙이 들어와 왔기 때문에 운동권 국회의원들이 잘 보이지 않는 것이다.

또 하나는 그들이 과거의 운동권 경력을 체계적으로 숨기고 있기 때문이다. 운동권 출신 국회의원들은 자신의 운동권 경력에 대해 이중적인 감정을 갖고 있다. 하나는 한때 그것을 우호적으로 평가했던 사회 분위기 속에서 자신의 운동권 경력을 미화하는 경향이고 다른 하나는 그럼에도 운동권 경력의 깊숙한 부분은 숨기려 한다.

내 이야기를 하면 된다. 나는 87년 서울대 인문대 학생회장이었다. 이 경력만 보면 사람들은 어려운 처지에 일신의 안일을 버리고 정의와 양심을 위해 싸웠다고 생각할 수 있다. 그러나 나는 주사파의 일원으로 내 학생운동 경력 중 상당 부분은 주체사상과 민족해방운동으로 얼룩져 있다. 종합하자면 나는 주사파 학생운동권의 일원으로 87년 서울대 인문대 학생회장의 외피를 쓰고 학생운동을 한 것인데 운동 경력으로만 보면 당연히 전자가 우선이다.

학생운동권 출신 국회의원 거의 전부가 그렇다. 그들은 정의와 양심에 따라 순수한 청년의 한 사람으로 학생운동에 가담했던 것이 아니라 NL과 PD, 친북통일운동과 사회주의적 신념을 갖고 학생운동에 가담했다. 따라서 정의와 양심에 따라 학생운동을 했겠거니 생각하는 사회적 분위기는 챙기고 그것을 넘어서는 어떤 지점에서는 자신의 이력을 숨겼다.

덕분에 민주당 운동권 출신 국회의원 중 거의 전부는 자신의 과거를 체계적으로 숨긴다. 필자는 한때 운동권 출신 중 민주당에 소속된 국회의원들의 자서전을 살펴본 바 있다. 그들 모두는 한때 사회주의, 막스·레닌주의에 경도되었다고 밝히지만 주체사상에 이르면 거의 100퍼센트는 어물쩍 넘어가거나 과거를 숨겼다.

42.9퍼센트가 어느 정도인가를 비교하기 위해 전두환 시대 하나회와 비교해 보자. 5공시절, 11대 국회에서 집권 여당이었던 민주정의당 총원은 160명이다. 이 중 육사 출신이 23명이고 해사·공사 등을 합치면 29명이다. 전체의 14.4~18.1퍼센트 수준이다. 운동권 출신 비율의 반이 채 되지 않는다. 우리는 하나회, 군부독재에 대해 노래를 부르고 다니지만 군부독재를 지탱했던 육사 출신 국회의원의 비율은 10퍼센트 중반에 지나지 않는 것이다.

양자는 모두 정치화되어 있다. 하나회는 충분히 악마화되어 있기 때문에 객관 정도에 비해 과도하게 확대되어 있는 반면 운동권 문제는 그들이 우리의 DNA에 충분히 녹아 있기 때문에 하나회에 비해 덜 정치화되어 있는 것이다.

세상은 견제와 균형의 원리로 작동한다. 기업 생태계가 대표적일 것이다. 그래서 어떤 기업이 독과점 상태에 있을 때 이를 견제하거나 필요할 경우 분할하여 생태계의 건강성을 인위적으로 유지하는 것이다.

86운동권 정치인의 규모는 그들이 했던 역할에 대한 평가와는 별도로 강제 개입이 필요한 상황이다.

서옥식은 운동권 출신 국회의원을 70명으로 추산했지만 중요한 사람 몇몇이 누락되었다. 그중 한 사람이 전북 지역에서 당선된 김윤덕이다. 김윤덕은 민혁당 전북 지역 책임자로 90년대 김영환 등이 전향할 때 함께 전향했다. 김윤덕은 그 사실을 철저히 숨겨왔기 때문에 서옥식의 조사에서는 빠졌던 것이다.

나는 김윤덕 의원이 심각한 사상적 문제가 있다고 생각하지 않는다. 내가 지적하는 것은 한 인간의 삶에서 과거를 정직하게 기록하고자 하는 매우 초보적인 삶의 태도를 지적하는 것이다. 김윤덕 의원이 주사파 학생·청년이었다가 필부의 삶을 살아간다면 문제가 안 될 수 있다. 그러나 그는 제1야당의 사무총장이고 이후 더 높은 지위를 가질 수도 있는, 대한민국을 대표하는 정치인이다. 그런 사람이 자신의 중요한 경력을 이 정도로 숨기고 있는 것은 단순한 도덕적 해이 그 이상이라 본다.

아마도 과거의 일인데 문제가 되지 않을 거라고 생각할 수 있다. 그건 사상에 대한 무지이거나 자신에 대한 오만이다. 사상·이념 문제는 생각보다 복잡해서 자신의 노선과 지향점을 뚜렷이 밝히고 엄정하게 평가·반성하지 않으면 그 잔재나 영향이 그대로 남는 법이다. 이 책에서 운동권 청산을 중시하는 이유는 대다수가 지금도 운동권 급진주의 사상을 품고 있다는 것이 아니라 운동권 급진주의를 제대로 청산하지 않음으로써 그 잔재가 짙게 남아 있다고 보기 때문이다.

비슷한 사례가 이인영 전 통일부 장관이다. 이인영 전 통일부 장관은 고려대 총학생회장, 전대협 1기 의장으로 알려져 있지만 주사파 혁명 조직 반미청년회의 회원이었다. 이건 그다지 비밀도 아니다. 그런데 이인영 본인은 물론 그 주변 인물들이 이를 숨기면서 주사파 혁명조직에 가담했던 사람이 버젓이 통일부 장관으로 임명되는 황당한 상황이 발생하고 있는 것이다.

서옥식이 정리한 운동권 출신 국회의원 명단은 다음과 같다.

01. 설훈, 5선 53년생 고려대 학생운동
02. 송영길, 5선 63년생 연세대 학생운동(총학생회장), 노동운동
03. 조정식, 5선 63년생 연세대 학생운동, 노동운동
04. 우원식, 4선 57년생 연세대 학생운동
05. 홍영표, 4선 57년생 동국대 학생-노동운동(대우자동차)
06. 우상호, 4선 62년생 연세대 학생운동(총학생회장)
07. 윤호중, 4선 63년생 서울대 학원자주화추진위, 평화민주당
08. 김태년, 4선 64년생 경희대 학생운동(총학생회장), 시민운동
09. 이인영, 4선 64년생 고려대 학생운동(총학생회장, 전대협의장)
10. 이학영, 3선 52년생 전남대 학생운동(단대 학생회장, 긴급조치)
11. 인재근, 3선 53년생 이화여대 학생운동, 노동운동

12. 윤후덕, 3선 57년생 연세대 학생운동(긴급조치), 출판운동

13. 유기홍, 3선 58년생 서울대 학생운동(서울의 봄)청년운동.

14. 남인순, 3선 58년생 세종대 학생운동, 노동운동

15. 윤관석, 3선 60년생 한양대 학생운동(서울의 봄), 노동운동

16. 김경협, 3선 62년생 성균관대 학생운동(삼민투) 노동운동

17. 이원욱, 3선 63년생 고려대 학생운동(민정당 연수원 농성)

18. 서영교, 3선 64년생 이화여대 학생운동(총학생회장)

19. 김민석, 3선 64년생 서울대 학생운동(총학생회장)

20. 정청래, 3선 65년생 건국대 학생운동(미 대사관저 점거)

21. 이광재, 3선 65년생 연세대 학생운동

22. 박완주, 3선 66년생 성균관대 학생운동(총학생회 부회장), 노동운동

23. 박홍근, 3선 69년생 경희대 학생운동(총학생회장)

24. 김교흥, 재선 60년생 인천대 학생운동(총학생회장)

25. 김정호, 재선 60년생 부산대 학생운동(총학생회 홍보부장)

26. 신동근, 재선 61년생 경희대 학생운동(삼민투)

27. 김한정, 재선 63년생 서울대 학생운동(미 상의 점거)

28. 어기구, 재선 63년생 순천향대 학생운동(총학생회장)

29. 김종민, 재선 64년생 서울대 학생운동(구학련)

30. 김성주, 재선 64년생 서울대 학생운동(반제동맹)

31. 신정훈, 재선 64년생 고려대 학생운동(미문화원 점거농성)

32. 김성환, 재선 65년생 연세대 학생운동(전대협 사업국장)

33. 김병욱, 재선 65년생 한양대 학생운동, 노동운동

34. 김승남, 재선 65년생 전남대 학생운동(총학생회장)

35. 안호영, 재선 65년생 연세대 학생운동

36. 송갑석, 재선 66년생 전남대 학생운동(총학생회장, 전대협 의장)

37. 기동민, 재선 66년생 성균관대 학생운동(총학생회장)

38. 최인호, 재선 66년생 부산대 학생운동(총학생회장)

39. 백혜련, 재선 67년생 고려대 학생운동, 노동운동

40. 김영진, 재선 67년생 중앙대 학생운동(총학생회장)

41. 진성준, 재선 67년생 전북대 학생운동(총학생회 부회장)

42. 한병도, 재선 67년생 원광대 학생운동(총학생회장)

43. 오영훈, 재선 68년생 제주대 학생운동(총학생회장)

44. 위성곤, 재선 68년생 제주대 학생운동(총학생회장)

45. 강병원, 재선 70년생 서울대 학생운동(총학생회장)

46. 박용진, 재선 71년생 성균관대 학생운동(총학생회장)

47. 박주민, 재선 73년생 서울대 학생운동(21세기 진보학생연합)

48. 강훈식, 재선 73년생 건국대 학생운동(총학생회장)

49. 고영인, 초선 63년생 고려대 학생운동, 노동운동

50. 이장섭, 초선 63년생 충북대 학생운동

51. 정태호, 초선 63년생 서울대 학생운동(삼민투)

52. 권인숙, 초선 64년생 서울대 학생-노동운동

53. 박영순, 초선 64년생 충남대 학생운동(총학생회장)

54. 서동용, 초선 64년생 연세대 학생운동(민정당 연수원 농성)

55. 서영석, 초선 64년생 성균관대 학생운동(총학생회)

56. 이용빈, 초선 64년생 전남대 학생운동(총학생회 부회장)

57. 오기형, 초선 66년생 서울대 학생운동(단대 학생회장)

58. 최종윤, 초선 66년생 고려대 학생운동(전대협 사무국장)

59. 김영배, 초선 67년생 고려대 학생운동(단대 학생회장)

60. 김원이, 초선 68년생 성균관대 학생운동(총학 정책국장), 노동운동

61. 신영대, 초선 68년생 전북대 학생운동(총학생회장)

62. 윤건영, 초선 69년생 국민대 학생운동(총학생회장)

63. 윤영덕, 초선 69년생 조선대 학생운동(총학생회장)

64. 조오섭, 초선 69년생 전남대 학생-노동운동

65. 허영, 초선 70년생 고려대 학생운동(총학생회장)

66. 천준호, 초선 71년생 경희대 학생운동(총학생회장)

67. 이동주, 초선 72년생 인천대 학생운동

68. 박상혁, 초선 73년생 한양대 학생운동(총학생회장)

69. 장경태, 초선 83년생 서울시립대 학생운동(총학생회장)

70. 전용기, 초선 91년생 한양대 학생운동(총학생회장)

사랑도 명예도 이름도 남김없이

앞서 운동권의 규모를 70명 전후로 추산하고 여러 모로 특징을 살펴보았다. 여기서 운동권이 누구인가의 문제가 여전히 남는다. 아래서는 운동권과 연관된 몇 가지 문제를 두서없이 말해 보고자 한다.

먼저 문재인 전 대통령 사례에서 시작해 보자.

문재인 전 대통령은 경희대 72학번으로 학생운동을 하다 투옥된 경력이 있다. 『문재인의 운명』에 학생운동 경력이 소상히 기록되어 있다.

74년 문재인 전 대통령이 3학년일 때 재단 퇴진 농성이 있었고 선언문을 작성하는 역할을 담당했다가 구류로 석방된 것이 첫 시위였고, 75년에는 학생회가 주도하여 유신반대 시위를 진행했는데 이 때 연행되어 구속되었다는 것이다. 이 사건으로 강제 징집되어 공수 부대에서 군 복무를 하게 된다.

문재인 대통령의 학생운동 경력 회고담에는 문제가 없다. 나는 어려운 시절 쉽지 않은 결단을 했던 문재인 전 대통령의 경험을 소중히 받아들인다. 문제는 그의 사회운동 경력이다. 이에 대한 장기표 선생의 기록이 있다(출처_https://blog.naver.com/khkang52/221554490675).

민주화운동에 대한 문 대통령의 진심을 왜 의심하는가?

"1984년 내가 민통련(민주통일민중운동연합)을 조직하려고 전국을 돌았다. 부산에 갔을 때 학생운동 전력이 있다는 문재인 변호사를 소개받았다. 그에게 함께 할 것을 권하자 '이런 일에 전혀 관여하고 싶지 않다'는 답이 돌아왔다. 너무 강경해서 그 뒤로 다시 만나지 않았다. 그런 분이 이제 와서 민주화운동을 전매특허 낸 것처럼 하기에 과거 얘기를 하는 것이다."

대학 시절 시위 전력으로 구속된 적이 있고 그 뒤 부산에서 인권 변호사로 활동한 것은 사실 아닌가?

"학생 데모를 잠깐 했을 뿐이지 민주화운동을 한 사람은 아니다. 그를 인권 변호사로 포장하는데 사실과는 거리가 있다. 6월 항쟁(1987년) 이후에 민주화되면서 시국 사건과 노동 사건들이 봇물처럼 터져 나왔다. 그런 사건 몇 건을 돈 받고 맡은 적 있었는지 모르

나. 인권 변호사 역할을 한 것은 아니다. 내세울 만한 게 있었으면 그가 벌써 밝혔을 텐데 수임 사건 내역에 그런 게 없다."

장기표의 증언을 100퍼센트 믿을 수는 없을 것이다. 그러나 『문재인의 운명』에는 장기표가 지적한 80년대 중후반 부분의 기록이 없다. 이건 노무현 전 대통령과도 다른 행적이다. 노무현 전 대통령은 80년대 중후반 최일선에서 투쟁했다. 그 시절의 노무현은 재야 인사로 구분할 수 있을 정도였다. 노무현의 사진 중에는 백골단이 지척에 있는 상황에서 시위를 하는 사진도 있다. 그 시절을 아는 사람이라면 만만치 않는 장면임을 알 것이다. 반면 문재인에게는 그런 사진이 없다. 나는 그것이 그 시절 문재인 전 대통령이 운동에 참여하지 않았음을 암시한다고 본다.

학생운동을 했고 변호사 생활을 했다면 문제될 것이 없다. 내가 문제삼는 것은 그랬던 사람이 운동권 문제를 과장하려는 일련의 경향이다.

다음으로 조국 조국혁신당 대표의 학생운동 경력을 살펴보자. 『나무위키』에는 그의 운동경력에 대해 "1993년 5월, 울산대 전임강사로 재직 중에 구속되어 11월 집행유예로 풀려났고 2심 판결문을 보면 사노맹 강령에는 동의하지 않았다고 나와 있다"고 되어 있다.

한편 『위키피디아』에는 "서울대학교 재학 중에는 법과대학 언론/학술지 『FIDES』의 편집장을 맡았으며, 학생운동에 참여했다. 동기였던 나경원은 자신의 저서에서 조국에 대해 "운동권 성향으로 분류되지는 않았다"고 쓰고 있다.

더 큰 문제는 조국혁신당 대표인 조국이다.

조국은 93년 5월에 구속되어 11월에 집행유예로 풀려난 것으로 되어 있다. 사노맹 산하 사회과학연구원 사건으로 알려져 있는데 조국의 경력은 오락가락한다.

2019년 조국사태가 났을 때 나는 조국의 학생운동 경력이 궁금해서 82학번 선배들에게 물어보았다. 3명 중 2명은 학생운동권으로는 분류할 수 없다고 보고 1명은 답을 흐렸다. 당시 학생운동권은 폐쇄적인 집단이다. 사상 써클에 참가하고 가두시위 등에 참가하는 등 누가 운동권인지를 대체로 구분할 수 있었다. 그렇기 때문에 나경원은 조국 대표가 학생운동권으로 분류되지 않았다 하고, 사노맹 산하의 사회과학원 사건에 연루되기는 했지만 사노맹에는 동의하지 않았다는 복잡한 해석이 있는 것이다.

당시 서울대에는 비권이면서 막스·레닌주의와 같은 급진적 사상에 관심을 갖는 학생들이 적지 않았다. 조직과 투쟁에는 참가하지 않으면서 순수 학술적인 차원에서 관심을 두는 경우이다. 조국은 그러던 중 본의 아니게 사건에 연루되어 형을 산 경우에 해당한다. 이런 경우라면 운동권 성향을 가진 비권 정도로 분류할 수 있다고 본다.

지금 와서는 운동 경력을 긍지있게 돌아보지만 냉정히 돌아보면 쪽팔린 기억들도 적지 않다. 경찰에 맞고, 두들겨 맞아 잘못했다고 빌기도 하고 동료들의 이름을 불 때도 있다. 그렇기 때문에 운동 경험이 많은 사람들은 과거를 회상할 때 어딘가에서는 캥기는 대목이 있게 마련이다. 그래서 운동경력을 소리 높여 말할 수 있는 사람은 대체로 운동 경험이 작은 사람들이다. 운동 경험 속에서 부끄러운 과거가 없기 때문이다. 아마도 조국이 그렇지 않을까 싶다.

운동권 문제를 생각함에 있어 중요한 것은 기억이 왜곡·과장될 수 있다는 점이다. 85년 6월 나는 대우어패럴 노동자 파업사건 당시 학생 신분으로 노동자 투쟁을 지원하기 위해 대우어패럴 농성 현장에 가담한 적이 있다. 그때 구사대에게 끌려 나오면서 많이 맞았다.

나는 그날을 기억하면서 늘 죽도록 맞았다고 회고하곤 했다. 그런데 한참 지나서 아는 선배 하나가 구체적으로 얼마나 맞았는지를 묘사해 줄 것을 요청했다. 곰곰히 생각해 보니 농성 현장에서 끌려 나오는 동안 한 1분 정도 맞았던 것 같다. 가볍게 실신했던 것 같기도 한데 정확하지는 않다.

요약하자면 학생운동이라는, 과거에 대한 기억들은 시간이 지나면서 조금씩 과장·왜곡되어 있다. 내 경우도 실제로는 1분 정도 맞았는데 기억에는 죽도록 맞은 것처럼 남아 있고 그렇게 말하곤 한 것이다.

그 이후 학생운동 경력자들의 경험담을 유심히 읽거나 듣다 보면 얼마씩은 왜곡·과장되어 있고 이것이 쌓이면서 왜곡·과장이 진실인 것처럼 굳어진 경우를 심심치 않게 본다. 여기에 역사적 해석이나 문예물의 전형성, 학생운동을 우호적으로 평가하는 사회적 분위기 등이 결합되면 학생운동의 경험 대부분은 어느 정도 또는 상당히 과장되어 있다는 것이다.

누가 운동권인가와 관련된 또 다른 맥락이 있다. 운동권 대부분은 사회주의, 혁명 이론에 경도되어 있었다. 그런 맥락에서 보면 6월 민주화운동으로 직선제가 달성되었다고 하더라도 운동이 끝난 것이 아니었다. 오히려 직선제를 발판으로 진짜 해야 할 일을 해야 할 상황이었다.

그렇게 지하당을 만들고 혁명조직을 만들었으며 무장봉기와 전민항쟁을 조직했다. 내 경우는 진정한 민주화를 위해 자주·통일운동에 인생을 걸었다. 이들은 학교를 졸업한 상태였고 혁명운동에 가까웠으므로 장기형을 살았다. 여기에는 김영환과 황인오, 백태웅과 박노해가 포함되고 범민련 남측본부 사무처장이었던 나도 그에 해당한다.

돌이켜 보면 헛된 시도였지만 원없이 뭘 했다는 생각도 든다. 우리의 애국가였던 「님을 위한 행진곡」의 노랫말을 빌리자면 "사랑도 명예도 이름도 남김없이" 무언가를 했다. 그러나 다수의 청년들은 사회주의·혁명이론을 가슴에 품은 채 사회에 합류했다. 그들 중 일부가 제도 정치권에 진출하여 국회의원이 되었다.

운동권 주류는 "사랑도 명예도 이름도 남김없이" 뭘 한 사람들이 아니다. 그렇게 했다면 그들은 국회의원이 될 수 없었을 것이다. 30~40대 무렵 혁명운동을 할 정도의 결심과 외도를 했다면 이미 제도권에서 뭘 하는 것은 구조적으로 어렵기 때문이다.

따라서 운동권 이야기는 애초부터 사랑도 명예도 이름도 남김없이 싸운 사람들의 이야기가 아니라 87년 6월 민주화운동 때 학생 신분으로 학생운동을 했다가 사회에 진출하여 성공한 사람들의 이야기다. 그들은 아무 것도 남김없이 뭔가를 한 사람들이 아니라 대학 시절 그런 노래를 불렀다가 이제는 그것을 추억하고 미화하려는 사람들의 이야기인 것이다.

우리가 운동권이라 분류한 사람들은 적당한 수준에서 운동을 했다가 그것을 추억하며 제도권, 특히 정치권에 자리잡은 사람들이다.

21대 운동권 출신 민주당 국회의원의 특징

문사철

86운동권 출신들은 학부 전공이 주로 문사철이었다. 운동권 출신 국회의원 70명 중 문사철 또는 넓은 의미의 문사철(정외과, 사회학과 등 포함 등, 법행정·상경계열을 제외한 문과)이 38명으로 전체의 54퍼센트이다. 특히 국문과 출신들이 많은데 예를 들면 다음과 같다. 이인영은 고대 국문과, 박홍근은 경희대 국문과, 김종민은 서울대 국문과, 우상호는 연세대 국문과 등이다.

21대 국회의원 중 민주당 출신 운동권 국회의원 학부전공

문사철(정외과 등 포함)	법행정 및 상경	이과 등 기타
38명(54%)	23명	9명

이는 21대 국회의원 중 민주당 소속 운동권 출신 국회의원들의 특징 중 가장 놀라운 성향이다. 대학에는 이공계 정원이 훨씬 많고 문과 중에서는 법대, 상대의 숫자가 많다. 일반적으로 국회의원 중에서는 법조인 또는 법대 출신들이 많은 편이다. 반면 운동권 출신은 압도적으로 문과 그것도 비법행정·비상경계열이 많다. 운동권 출신만 40퍼센트를 넘는 점, 그중에서도 운동권 출신 70명 중 문사철(정외과 등 포함) 출신이 54퍼센트라는 점은 현재 국회가 얼마나 기형적인 구성인가를 단적으로 보여준다.

그렇게 된 이유는 첫째, 70~80년대 운동권의 독특한 사상과 문화적 특징, 둘째, 한국경제의 성장 과정에서 문사철이 갖고 있던 나름의 지위 때문이다.

첫 번째에 대해 말하면 다음과 같다. 70~80년대 민주화 투쟁은 영미형 자유주의·민주주의가 아니라 소련, 중국 등 사회주의나 제3세계 민족주의에 기반해 진행되었다. 덕분에 이공계나 법·상경 계열보다는 사변적이고 관념적인 성향이 강한 비법·비상경 계열이 상황을 주도하게 된 것이다.

전후 베이비붐 세대라는 것이 있다. 2차 대전이 끝나면서 세계적으로 인구가 많이 증가했는데 이들 세대가 청년기를 맞으면서 세계적인 격변이 일어난다. 이를 일별하자면 서구에서는 탈산업화·반전과 같은 서구형 68혁명이 벌어졌다. 미국, 서유럽, 일본 등이 그러한데 이들 나라에서는 근대 자본주의를 넘어서는 문화적·탈근대적 성향이 두드러졌다.

다른 하나는 이슬람형이다. 이란의 경우 전후에는 팔레비 친서방 정권 하에서 서구형 근대화가 이루어졌다가 79년 호메이니 이슬람혁명을 계기로 반서방 이슬람주의가 상황을 주도한다. 청년이라고 해서 언제나 미래지향적인 것은 아니다. 이슬람의 경우 복고적 민족주의가 판을 압도했다.

대한민국의 87년 민주화운동은 서구형 민주주의가 아니라 이슬람 복고주의를 많이 닮았다. 70년대 중반부터 탈춤, 판소리와 같은 민족문화 운동이 일었고, 87년 6월 민주화운동 당시 정세를 주도했던 것은 영미형 자유주의가 아니라 저항적 민족주의 또는 주체사상이었다.

이런 학생운동의 이념 성향이 국문과, 철학과, 사회학과 등 비법행정, 비상경계열과 일맥상통하는 지점이 있었던 것이다. 덕분에 국문과, 철학과 출신의 학생운동가들은 대학사회에서 규모가 상대적으로 작음에도 학생운동을 주도하고, 더 나아가 다수의 국회의원을 배출하게 된 것이다.

두 번째에 대해 말하면 다음과 같다.

70~80년대 학생운동은 경기침체기에 진행된 것이 아니라 경기활황기 그리고 경제성장기에 벌어진 것이다. 따라서 이공계, 법상경 계열의 경우 경기활황기·경제성장기에 맞게 학생운동 경력에도 자연스럽게 취업할 수 있었다.

경험담에 따르면 70년대의 경우 걸핏하면 휴교령이 내려 제대로 공부할 수 없음에도 졸업한 이후에는 기업을 골라가며 취업할 수 있었다는 이야기를 쉽게 들을 수 있다.

취업이 쉽게 된 것은 법대, 상경계열, 이공계, 의대 출신이 그러했을 것이다. 87년 이후 소프트웨어, 컨텐츠, 무하사업 등 새로운 분야가 성장했다. 덕분에 국문과, 철학과 등 문과 계열의 진로가 넓어졌지만 그럼에도 취업에 어려움을 겪었을 것이다.

학생운동에서 단련된 문과 출신들은 녹록지 않은 취업, 사회 합류의 길보다는 정치와 운동의 길에서 새로운 출구를 모색했다. 90년대 시민운동의 시대를 거쳐 2000년 이후 김대중-노무현 정권의 새로운 정치세력 육성에 호응해 일선에서 조직과 투쟁을 중심으로 이를 뒷받침했고 그 결과 다수의 국회의원 당선자를 배출하게 되었다.

대학 졸업 이후 이들의 독특한 경로는 그들이 현대 사회에 필요한 전문적 연구 성과와 글로벌한 마인드를 거의 갖지 못한 것으로 나타난다. 구체적으로 그들 대부분은 첫째, 적당한 인맥쌓기용 석사 수준의 대학원 경력을 가지고 있고, 둘째, 그 대학원도 대충 국내 대학이고, 셋째, 전문적인 저술이나 연구 성과가 없다.

가령 이인영 의원은 고대 국문과 출신으로 고려대 언론대학원에서 석사를 받았고 몇 권의 저서가 있지만 대부분 수필이다. 박홍근 의원은 경희대 국문과 출신으로 경희대 행정대학원 환경행정학 석사이고 저서는 없다. 우상호 전 의원은 연세대 국문과 출신으로 연세대학교 행정대학원 공공정책 전공이고 두 권의 저서가 있으나("촌놈," "세상의 그 무엇이라도 될 수 있으면") 이인영 의원과 마찬가지로 전문적인 연구 업적을 갖는 저술이라기보다는 사실상 수필이다. 이인영, 박홍근, 우상호 이외에도 거의 전부 그러하다.

이를 삼성전자 임원진과 비교하면 다음과 같다. 2022년 삼성전자 임원진 1,156명을 검토해 보면

1. 외국대학을 졸업한 사람이 390명, 전체 33%
2. 서울대, 카이스트 졸업생이 각각 147명, 99명
3. 박사학위 소지자가 376명 33%, 석사학위 소지자가 434명, 38%이다.

21대 국회에서 운동권 출신 국회의원과 비교하면 삼성전자의 임원은 해외 대학과 서울대, 카이스트를 나온 석박사 학위를 소지한 공학 계열 전공자이다. 운동권이 주로 국내, 이데올로기, 선전·

조직과 연루된 사람들이라면 삼성전자는 해외, 성장 및 전문지식과 결합된 사람들로 양자는 태생과 성향이 매우 다르다.

중상위권 대학

학생운동은 87년을 기점으로 서울대와 비서울대 중상위권 대학으로 나뉜다. 86년까지 학생운동은 압도적으로 서울대 중심이었다. 70년대 중후반 학생운동의 역량에 대한 증언에 따르면 단위학교 차원에서 체계적인 교육·조직 활동을 진행하는 대학은 서울대가 유일했고 연고대가 부분적인 역량을 갖고 있었다고 한다. 중위권 대학으로 가면 일회적인 동원 체계 정도를 갖고 있었다. 80년대 중반이 되면 서울대, 연고대와 성대, 전남대, 부산대 정도가 나름 체계적인 역량을 확보하고 있었다고 한다.

이에 기반하여 70~86년까지 학생운동의 거의 대부분은 서울대 이야기다. 그런데 서울대 운동이 86년 구학련과 건대사태를 계기로 와해되고 난 후 87년~88년 고대, 89~92년 한양대(89년 한양대, 90년 전남대, 91년 한양대, 92년 서울대), 93년 이후 전남대와 호남(전대협·한총련 의장 배출 학교를 기준으로)으로 이동한다.

핵심적인 계기는 87~92년 학생운동의 선택이다. 당시에도 서울대 학생운동이 양적으로는 가장 컸다. 문제는 88년 이후 서울대의 비주사화 과정에서 학생운동이 주사파가 아닌 서울대를 배제하고 주사파였던 고대, 한양대, 전남대를 배경으로 편성했다는 점이다.

다음은 민주당 출신 운동권 국회의원 70명의 학교 분포이다.

서울대	연대	고대	성대	전남대	한양대	경희대
11명	9명	9명	6명	5명	4명	4명

기타 | 이대, 제주대, 인천대, 부산대, 전북대, 건대 각 2명(12명) | 동국대, 서울시립대, 충북대, 순천향대, 세종대, 충남대, 중앙대, 원광대, 국민대, 조선대(10명)

서울대가 16퍼센트, 서울대, 연대, 고대 합쳐 41퍼센트이다. 22대 국회 전체와 비교하면 22대 국회의원은 서울대가 75명으로 25퍼센트이고, 서울대, 연고대를 합치면 모두 합쳐 126석으로 42퍼센트이다. 서울대 비중은 10퍼센트가량 작고 서울대, 연고대를 합치면 전체와 유사하다.

학생운동을 86~87년 전대협 1기를 고리로 전후로 나누면 서울대 11명 중 윤호중, 유기홍, 김민석, 김종민, 김한정, 김성주, 권인숙, 정태호 8명은 전대협 이전 세대이고 강병원, 오기형, 박주민 등 전대협 세대 3인은 이른바 비주사 계열이다. 뒤에 거론하겠지만 운동권 출신 국회의원에서 가장 중요한 것은 88~92년 사이 배출된 전대협 2기이다. 이 시기는 학생운동이 숫자도 많고 투쟁 규모도 컸으며 무엇보다 주사파가 상황을 완전 주도했다. 전대협 2기는 86년까지 상황을 주도했던 서울대가 88년을 고비로 비주사로 돌기 시작하면서 비서울대 중상위권 대학이 판을 장악하기 시작했고 그 여파가 국회의원 구성으로 나타나고 있다고 볼 수 있다.

호남

민주당 출신 운동권 국회의원 출신지

전남전북	부산경남	서울경기인천	충남충북	대구경북	강원제주
18/9	3/7	8/7	11	0	4/1

위 표는 민주당의 운동권 출신 국회의원 70명의 출생지를 보여준다. 압도적으로 전남·전북 출생자가 많고 대구·경북은 아예 없다. 일단은 자연스러운 현상이다. 민주당의 지지기반이 호남인 만큼 운동권 출신 국회의원들 중 호남 출신들이 자신이 태어난 곳에서 정치활동을 했을 가능성이 크기 때문이다.

운동권의 지역기반과 관련해 중요한 것은 93~97년 한총련 운동이 압도적으로 호남을 중심으로 편제되어 있었다는 점이다. 87년 6월 민주화운동 이후 서울 지역을 중심으로 농업적 색채가 강했던 주사파 학생운동이 빠르게 퇴조했고 90년 3당합당을 계기로 영남의 학생운동도 엷어지고 있었기 때문이다.

90년 3당합당 이후 97년 김대중 정부 출범까지 호남의 학생운동은 지역의 친DJ 정서와 호응해서 강력한 대중세를 간직할 수 있었고 이를 기반으로 96~97년 연 2년간 전남대 학생회장이 한총련 의장을 맡게 되었던 것이다.

청년과 군대

청년정치의 관점에서 보면 다음과 같다.

16대~20대 국회의원 1471명을 조사한 결과에 따르면 국회의원
의 연령 분포는 50~60대가 전체의 70.8퍼센트로 다수를 차지한
다. 30대는 3.2퍼센트 40대도 24.2퍼센트에 그친다.

20대	30대	40대	50대	60대	70대
0,0	47명, 3.2%	356명, 24.2%	671명, 45.6%	371명, 25.2%	26명, 1.8

아래는 22대 국회의원의 연령 구성이다. 50~60대의 비율은
70.8퍼센트에서 83.3퍼센트로 늘어났다. 12.5퍼센트 포인트가 늘
어났는데 이는 40대에서 감소한 14.2퍼센트 포인트와 거의 일치
한다. 즉 운동권 출신 국회의원들의 권력 독점이 유지되고 있음
을 잘 보여준다.

30대	40대	50대	60대	70대	80대 1명
14명, 4.7%	30명, 10%	150명, 50%	100명, 33.3%	5명, 1.7%	1명, 0.3%

반면 2022년 삼성전자 임원진 1156명의 경우 전체 평균연령은 53세이고 60년대생과 그 이전이 471명으로 41퍼센트이고 70년대생이 651명으로 58퍼센트, 80년대생 11명으로 1퍼센트이다. 삼성전자의 경우 70년대생이 651명, 58퍼센트로 가장 많다.

60년대생 이전	70년대생	80년대생
471명 41%	651명 45.6%	11명, 1%

국회의원이 신진대사가 막힌 채 50~60대 연령대로 편중되어 있는 반면 삼성전자를 비롯한 대기업은 세상의 변화에 맞게 능동적으로 대응하며 의식적으로 장년 인재들의 빌딩을 통한 신구세대의 조화를 추구했기 때문인 것으로 보인다.

운동권 출신 정치인들의 군대

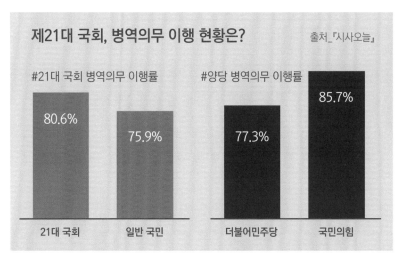

21대 국회의원을 중심으로 운동권 출신 정치인들의 병역 문제를 검토해 보자. 위 자료에서 보듯 21대 국회의원들은 해당 연령대 일반 국민에 비해 병역 이행률이 5퍼센트 포인트가량 높다. (21대 국회의원 80.6%, 일반 국민 75.9%) 반면 더불어민주당은 국민의힘에 비해 병역이행률이 8.4퍼센트 포인트 낮다. (더불어민주당 77.3%, 국힘 85.7%)

더불어민주당 의원들의 병역이행률이 낮은 이유는 민주화운동 과정에서 징역을 살았다는 이유로 군대가 면제되었기 때문이다. 민주당 운동권 출신 국회의원 중 수형(징역)을 살았다는 이유로 군대에 가지 않은 사람은 모두 24명이다. (참고로 징역 6월 이상의 형을 받으면 군면제였던 시절이 있다. 필자도 87년 12월 연행되어 징역 2년에 집행유예 3년을 선고받고 50일 살고 군대를 가지 않았다)

명단은 다음과 같다.

송영길, 윤호중, 이인영, 이학영, 유기홍, 김경협, 이규민, 이원욱, 김민석, 정청래, 박홍근, 신동근, 김한정, 김성주, 신정훈, 송갑석, 최인호, 진성준, 고영인, 정태호, 서동용, 오기형, 윤영덕, 이동주이다.

이를 세분하면 다음과 같다.

첫째, 비교적 장기실형을 받은 사례는 이학영 3년 6월, 이원욱 3년, 김민석 4년, 정청래 4년, 정태호 4년 등이다. 둘째는 실형이되 단기형인 사례는 고영인 1년 6월, 윤호중 10월, 유기홍 8월, 김경협 10월, 이규민 1년 6월, 신동근 1년 6월, 최인호 2년 등이고, 셋째는 집행유예는 송영길 1년 6월 집행유예 3년, 이인영 1년 6월에 집행유예 3년, 박홍근 징역 1년에 집행유예 2년, 김한정 징역 2년에 집행유예 3년, 김성주 징역 1년에 집행유예 2년 수준이다.

3년 이상의 장기형을 받은 사람 중에서 이학영은 남민전 관련자이고 김민석, 이원욱, 정태호는 전학련·삼민투이다. 진성준은 군 관련 사항으로 특별한 경우이다. 전학련 삼민투가 중형을 받은 반면 86년, 87년 이후는 학생운동 수감자가 급격히 늘어나면서 형기가 줄어든 반면 전학련·삼민투가 학생운동의 대규모 죄 꼈회 1세대여서 정부나 사법기관이 본보기로 중형을 때렸기 때문이다. 이 중 정청래는 매우 특이한 사례인데 이는 미 대사관저 방화미수와 연관이 있기 때문이다.

징역 2년 이하의 단기형의 경우, 감옥 생활의 고통이 급격히 떨어진다. 80년대 중반 이래 감옥이 급격히 좋아지기 때문에 가끔 단식하는 것 말고는 감옥이 군대보다 훨씬 살기 편하다. (우스갯소리로 체감고통지수 100대 1) 영화, 드라마에서 감옥 생활을 형극의 고통처럼 묘사하는 것은 다분히 판타지에 가깝다.

집행유예는 다음과 같다.

가령, 이인영이 징역 1년 6월에 집행유예 3년이라는 의미는 1심이나 2심에서 석방되었다는 의미이다. 1심의 경우 3~4개월, 2심까지 가더라도 7~8개월이면 재판이 끝난다. (1심은 구속된 후 6월, 2심은 1심 판결 이후 4개월 안에 판결하게 되어 있다) 따라서 이인영이 징역 1년 6월에 집행유예 3년이라는 의미는 4~9개월 정도 징역을 살았다는 의미이다.

우리가 잘 아는 송영길, 이인영, 박홍근 등이 감옥에서 그 정도를 살고 군대를 가지 않았다는 뜻이다.

군대 관련 내용을 시기적으로 구분하면 ~80년대 초반 이전, 80년대 초반, 90년대 초반, 90년대 중반 이후로 나눌 수 있다.

첫 번째 시기는 데모하다 연행되면 바로 강제 징집되고 군대에서 최전방에 근무하면 만기를 채우는 사례이다. 김민기, 유시민, 문재인 등이 이에 해당한다. 심지어 녹화사업과도 관련된 사례가 있다. 취업에도 어려움을 겪었던 것 같다.

두 번째 시기는 얼마 되지 않는 징역을 살고 군대가 면제된 시기이다. 심지어 이 경우는 조기에 사면·복권되고 민주화운동 보상까지 받았다. (필자도 50일 징역을 산 대가로 보상을 받았다) 70년대 선배들이 학생운동 때문에 판검사가 되는 데 어려움을 겪었다면 이 시기는 학생운동을 해도 판사나 변호사가 되는 데 어려움이 없었다.

세 번째 시기는 수형으로 얻어낸 군 면제가 구조적으로 줄어들면서 운동권과 군대 면제가 별 상관이 없는 상황으로 발전한다.

따라서 학생운동권의 군 면제 문제가 집중된 시기는 87~93년 정도로 전대협 전성기와 연관되어 있다. 반면 이 시기를 살았던 학생운동권이 이 시기를 과장하는 것은 현실과 맞지 않는다. 그들 대부분은 민주화운동 때문에 감당할 수 없는 고통을 누렸다기보다는 특별한 혜택을 누렸다고 보는 것이 합당한 평가이다.

운동권 청산론 평가

22대 총선과 운동권 청산 개관

한동훈 비대위와 운동권 청산

한동훈 위원장은 12월 26일 비상대책위원회에 취임하면서 운동권 청산 문제를 전면에 걸었다. 그는 말했다.

"중대범죄가 법에 따라 처벌받는 걸 막는 게 지상목표인 다수당이 더욱 폭주하면서 이 나라의 현재와 미래를 망치는 것을 막아야 합니다. 그런 당을 숙주삼아 수십 년간 386이 486, 586, 686되도록 썼던 영수증 또 내밀며 대대손손 국민들 위에 군림하고 가르치려 드는 운동권 특권 정치를 청산해야 합니다."

국민 여론이나 사람들의 반응도 나쁘지 않았다.

23년 11월 2일자 『데일리안』에 따르면 국민의 51.4퍼센트가 총선서 86운동권이 청산되어야 한다는 데 동의했다. 특히 호남 지역의 약 50퍼센트, 민주당 지지층의 약 40퍼센트도 그에 동의하고 있는 것으로 나타났다.

1월 18일 임종석 전 비서실장이 운동권 청산론에 대해 발언하고 1월 22일 한동훈 비대위원장이 맞대응하는 장면은 운동권 청산에 대한 초기 논점을 잘 보여준다(출처_https://www.youtube.com/watch?v=O4c_WETfnv4)

임종석 전 비서실장은 "본인의 출세를 위해 고시 공부를 한 거 아닙니까? 저는 동시대를 살았던 친구들 선후배들한테 좀 미안한 마음을 갖는 게 인간에 대한 예의가 아닐까?"라고 반문한다.

임종석 전 비서실장의 주장은 운동권 출신 국회의원들이 늘 하던 소리다. 자신들은 학업을 포기하고 정의와 양심의 길에 뛰어 들었다면 고시를 보고 의사가 된 것은 개인의 출세를 위함이라는 것이다.

70년대라면 어느 정도 말이 되는 소리다. 그러나 한동훈 장관은 92학번이다. 한동훈 위원장은 "나는 민주화운동을 하는 분들을 마음 깊이 존경합니다"라고 밝히면서도 "임 전 실장이 저한테 동시대에 있었던 학생들에게 미안함을 가져야 한다고 이야기했던데 저는 92학번입니다. 제가 특별히 누군가에 미안함을 가져야 할 이유는 없어요"라고 밝혔다.

운동권 청산에 대한 한동훈 위원장과 임종석 전 실장의 논전은 다분히 감정적이었다. 그럼에도 민감하고 본질적인 쟁점을 담고 있다. 필자는 근본적인 쟁점이 "저는 92학번입니다"에 담겨 있다고 생각한다.

이에 대해서는 뒤에서 자세히 다룰 것이다. 어쩌면 이것이 필자가 글을 쓰는 핵심 논점 중 하나다. 결론만 간단히 언급한다면 87년 이전에는 민주화운동을 했던 것이 시대정신이었다면 87년 이후에는 민주화 대신 현대화·전문화 그리고 자유주의를 추진하는 것이 옳았다고 생각한다. 따라서 임종석처럼 87년 이후에도 심지어는 종북 성향의 운동을 통해 민주화를 제기하는 것은 틀렸고, 87년 이후에는 민주화의 성과를 계승하여 한국사회의 현대화를 위해 매진하는 것이 옳았다고 본다.

특별히 주목할 만한 것은 한동훈 위원장의 학번이다. 운동권이 가진 문제의 핵심 중 하나는 부채의식이다. 운동권에 적당히 관여한 사람들이 운동권에 대한 과도한 부채의식으로 운동권 문화나 사조를 신비화하는 것인데 한동훈 위원장은 92학번으로 그런 부채의식에서 자유로울 수 있었던 것이다.

2차 공방

이른바 운동권 청산 1국면 이후 비교적 긴 민주당 공천 작업이 이어졌다. 공천의 성격은 명백했다. 그런데 이 과정에서 운동권 청산이 어떤 관련이 있는가는 다소 관심의 초점에서 멀어졌다.

친명 공천의 부당함과 운동권 청산을 이어주는 중요 고리 중 하나가 임종석 전 비서실장이었다. 2월 29일 임종석 전 비서실장이 공천에서 탈락하자 기자가 기묘한 질문을 던진다. 질문의 요지는 임종석 실장이 공천에 탈락하면서 운동권 청산론도 힘을 잃지 않았는가 하는 것이었다.

다음은 이에 대한 한동훈 위원장의 답변이다. "나는 이것이 22대 총선에서 운동권 청산 국면의 하이라이트라고 생각한다." 한동훈 위원장을 포함하여 운동권 청산론을 제기했던 어떤 흐름의 한계를 집중적으로 보여주는 대목이라고 생각한다(출처_https://www.youtube.com/watch?v=GUdon kogDf8).

한동훈 위원장은 "이재명이 586을 숙주로 권력에 접근했고 이어 경기동부·한총련 계열을 숙주로 권력에 접근하려 하고 있다"고 말하며 "나쁜 놈들 다음에 더 나쁜 놈이 오고 있다"며 운동권 청산론이 틀리지 않았음을 주장했다.

결론부터 말하면 운동권 다음에 운동권, 즉 나쁜 놈 다음에 더 나쁜 놈이 오고 있다는 것은 어느 정도 맞다. 그런데 이때의 더 나쁜 놈은 경기동부연합이나 한총련이 아니라 전대협 2기이다.

아마도 한동훈 위원장은 물론 운동권 문제를 다룬 거의 대부분의 사람들이 전대협 2기는 잘 모를 듯싶다. 그만큼 운동권 청산 문제에 대한 생각이나 공부 자체가 매우 일천한 조건에서 한총련, 경기동부연합을 두고 근거가 약한 악마화가 과도하게 진행되었고 이로 인해 과녁이 빗나가고 말았던 것이다.

친명 공천 과정에서 설훈, 홍영표, 임종석, 송갑석, 박용진 등이 탈락하고 여전히 세력을 유지하고 있는 전대협 2기 즉 정청래, 한병도, 진성준, 박홍근 등에 대한 지식이 없는 조건에서 운동권 청산론이 갑자기 진공상태로 빠져들었다. 이재명 대표가 결과적으로 운동권 청산을 한 것이 아닌가하는 이야기가 돌기도 했다. 여기에 경기동부, 한총련 등에 대한 공격이 가해졌지만 이들은 실체가 분명치 않은 주변부 그것도 작위적인 악마화의 산물이었다. 전체적으로는 운동권 청산론이 목표를 상실하고 유실되었다고 볼 수 있다.

운동권 청산론이 친명 공천에 대해 올바른 해석을 내리지 못한 채 길을 잃은 상태에서 지엽적인 공방이 이어졌다. 하나는 준연동형 비례대표제와 관련된 진보당·종북 논쟁이고 다른 하나는 한총련 문제이다.

진보당은 민주당의 위성정당인 더불어민주연합에 진보당이 3석의 몫을 배정받은 데서 비롯되었다. 공방 과정에서 정영이, 장진숙, 이지예 등의 반미활동 경력이 문제가 되었지만 손솔, 전종덕 등이 고스란히 살아남았고 지역에서 윤종오 후보가 당선된 것까지를 고려하면 진보당은 결과적으로 3석을 얻게 되었다.

진보당에 대한 공세가 무색하게 진보당은 원하는 결과를 얻은 것이다. 개인적으로 보면 이지예, 정영이 등이 일선 활동가라면 손솔, 전종덕은 오랜 기간 중앙에서 활동했던 사람들이기 때문에 주사파 순도가 더 높은 인물들이다. 이런 결과가 된 것은 진보당에 대한 공세가 다분히 선언적이고 상징적인 차원에서 진행되었기 때문이다.

한편 한총련 관련자들 중 정의찬, 강위원이 끝내 공천에서 탈락했는데 이는 고문치사 사건 등 한총련 관련자들의 문제가 워낙 컸기 때문에 대체로 그렇게 될 일이었다. 전대협 2기는 잘 모르기 때문에 쟁점을 만들지 못한 반면 한총련은 그렇게 될 일에 너무 많은 역량과 관심을 투여한 형국이었다.

전체적으로 요약하면 운동권 청산 세력이 첫째, 전대협 2기에 대한 아무런 정보, 공부도 없는 상태에서 임종석 등 전대협 1기를 상징하는 후보가 낙선되자 갑자기 길을 잃었고, 둘째, 경기동부, 진보당, 한총련 등에 대해서는 과도한 악마화로 구체적이고 현실적인 대응을 하지 못한 점이다. 특히 두 번째가 매우 심각했는데 이는 다음에서 자세히 다루고자 한다.

민주당 공천 파동 직후 조국혁신당 문제가 전면에 부상했다. 조국혁신당의 부상은 운동권 문제의 또 다른 접근이 필요함을 단적으로 보여주었다.

운동권은 보통 NL-PD로 나눈다. NL의 문제점은 주로 반미와 종북이고 PD는 사회주의이다. NL이 운동권의 주류였고 반미, 종북이 알기 쉽기 때문에 사람들은 운동권 문제를 주로 친북, 주사파, 종북과 연관지어 설명하곤 한다.

그러나 그에 못지않게 PD가 갖는 문제도 적지 않다. 이들의 문제점은 주로 직접 민주주의, 과격한 사회개혁 등과 연관되어 있다. 조국은 사노맹 출신으로 그런 경향을 잘 보여주는 인물이다. 또한 조국혁신당을 이루는 호남과 40~50대들은 민주화시대에 인민민주주의 또는 직접 민주주의의 세례를 받은 인물로 운동권 잔재의 부정적인 유산을 그대로 간직한 세대라 할 만하다.

운동권 청산론이 종북, 반미, 주사파에 집중되고 급진민주주의에 대한 생각이 일천한 조건에서 조국과 조국혁신당을 운동권 청산과 연관짓는 작업은 아예 시도조차 없었던 것으로 보인다.

청년

이재명 공천이 막을 내리고 조국혁신당의 출현과 이종섭 전 국방부 장관의 귀국으로 국민의힘에는 변화의 필요성이 대두되었다.

이때 20~30대 청년 이야기를 전면에 걸었어야 한다고 본다. 먼저 데이터를 환기하면 2022년 대선 당시 20대 남성은 윤석열 후보에 58.7퍼센트, 30대 남성은 51.8퍼센트를 투표한 반면 이번 선거에서는 20대 남성은 31.5퍼센트, 30대 남성은 29.3퍼센트를 던졌다. 22대 총선에서 민주당과 국힘의 총 득표율이 50퍼센트 대 45퍼센트로 차이가 5퍼센트에 불과했던 점을 고려하면 쓰라린 대목이다.

운동권 청산 문제가 도덕적 문제가 되어서는 안 된다고 본다. 중요했던 것은 운동권 청산 문제가 청년들의 요구 가령 연금·노동 문제 등과 맞물려 정치·경제적 요구로 발전해야 한다는 점이다. 22대 총선이 전체적으로 갖고 있었던 비청년적인 성향이 운동권 청산 문제를 사변적이고 관념적인 양상으로 몰고 가지 않았나 싶다.

전체적으로 보면 주체의 역량 부족으로 운동권 청산 문제는 실패한 것으로 보인다. 그러나 여전히 과제는 남아 있다. 실패를 교훈 삼아 다시 제기되어야 하는 과제를 두고 하는 말이다.

실패

운동권 문제에 대한 문제 제기는 실패한 것으로 보이는데 이유는 다음의 세 가지로 나눌 수 있다.

첫째는 방식이 잘못되었다. 운동권 문제는 앞서 언급한 바와 같이 충분히 위장·은폐되어 있다. 또한 시대와 잘 녹아들어 운동권 문제는 주변 배경과 구분되지 않을 정도로 각계각층에 잘 스며들어 있다. 따라서 운동권 문제를 다루기 위해서는 정면돌파보다는 충분한 준비와 설득력 있는 논거로 장기간 작업할 필요가 있었다. 정면돌파 위주의 접근으로는 애초부터 해결이 잘 안 되는 구조였던 것 같다.

둘째는 주체의 문제이다. 운동권 문제를 제기하기 위해서는 운동권으로부터 어느 정도 비켜 서 있거나 운동권 문제에 이해관계가 있는 집단이 제기해야 한다.

운동권 문제는 가령 운동권의 중심 세대인 40~50대와 이해관계가 배치될 수 있는 20~30대 청년이 제기하는 것이 옳았을 것이다. 현재 20~30대는 운동권 문제에 관심이 없거나 자신의 문제를 40~50대와의 세대 문제와 연관지어 제기하지 않고 있다.

전체적으로 보면 위 두 가지 문제는 운동권 청산 문제가 아직은 구체적인 역사적 과제로 제기되지 못한 상태를 보여준다. 반면 아래 다룰 세 번째 문제는 운동권 청산 문제를 제기하는 주체 역량의 낙후함과 심각한 결함을 보여준다.

보수 진영 일각을 중심으로 운동권 문제에 과도한 관심을 보이는 대신 사실관계에 대한 판단 여부는 거의 관심을 두지 않는 경우가 많다. 노골적으로 말하면 극우 진영에서 말하는 주사파 이야기의 거의 대부분이 사실과 다르다. 그렇게 된 이유는 그들이 사실관계에 대한 엄정한 판단보다는 정치적 목적으로 문제를 다루기 때문이다.

여기서는 주사파·운동권 문제와 관련한 허위 또는 과장 내용을 중심으로 간략히 소개한다. 그중 이재명 주사파설과 이재명 경기동부 유착설, 전대협의 한총련 계승설 등은 특별히 절을 바꾸어 집중적으로 소개할까 한다.

일단 생각나는 대로 거론하면 다음과 같다. 첫째, 학생운동권 혼숙설, 둘째, 북한 당국의 종교인들에 대한 미인계설, 셋째, 간첩 15만 명설, 넷째, 분신조, 다섯째, 전대협 의장에 대한 여대생들의 향응설 등이다.

첫째, 학생운동권 혼숙설에 대해 말하면 다음과 같다. MT 등에서 넓은 방에 남녀가 함께 잠을 잔 것은 사실이다. 그 과정에서 약간의 성추행 같은 것이 있을 수도 있지만 성생활이 문란하거나 그런 일은 없었다. 전체적으로 학생운동권은 다른 대학생들보다 순진한 경우가 많았다.

둘째, 북한 당국의 종교인들에 대한 미인계설에서 천주교·기독교인들이 북한을 방문할 때 의도적으로 북한 당국이 미인계를 써서 약점을 잡았다는 주장이다. 아주 내밀한 이야기는 알 수 없으나 일반적인 차원에서는 그런 일이 없었다. 여기서 말하고 싶은 것은 대중적인 차원에서 공공연히 그런 일이 벌어질 수 있는 구조가 아니라는 점이다. 참고로 나는 2000년대 초반 남북 민간교류를 중개하는 위치에 있었다.

셋째, 간첩 15만 명설에서 노동당에 등록(?)된 간첩이 15만 명이라는 주장인데 사실에 부합하지 않는 터무니없는 주장이다. 한국 최대의 지하조직이었던 민혁당 당원이 100명 수준임을 고려하며 굳이 따져 보지 않아도 성립될 수 없는 견해이다.

넷째는 분신조 문제이다. 학생운동에서 조직적인 지침에 따라 분신하기로 대기 중인 학생들이 있었다는 주장이다. 일단 분신이 생각보다 광범위하지는 않았다. 91년 강경대 투쟁 과정에서 있었던 여러 건의 분신이 예외적인 사건이다. 술자리 같은 데서 분신과 관련된 대화를 나누기는 했어도 이를 지시하거나 방조하는 따위의 일은 없었다.

다섯째, 전대협 의장 성적 향응설 또한 그런 일은 없었다. 터무니없는 왜곡이다.

보수시민운동은 2016년 박근혜 대통령 탄핵에서 기원한 듯하다. 믿었던 대통령이 무기력하게 당하는 과정을 통해 집단적이고 종교적인 결속력을 갖게 된 것 같다. 그런 과정에서 진보 진영이 단순한 정치세력이 아니라 북한과 주사파에 의해 치밀하게 조종받는 일종의 악마와 같은 존재라고 생각하게 된 듯하다. 이때 주사파는 주체사상을 신봉하는 운동권의 한 분파가 아니라 절대악을 표상하는 개념으로 발전한 듯하다.

주사파를 악마화하는 경향이 강한 반면 주사파·운동권에 대한 기본 지식은 현저히 떨어진다. 당연한 일이다. 보수진영은 주사파나 운동권에 대해 알 수 있는 위치에 있지 않았기 때문이다. 그러하다면 무엇보다 실증적이고 사실적인 공부가 전제되어야 한다. 그런데 종교적이고 계시적인 동기가 발목을 잡았다. 그들에게 필요한 것은 현실의 구체적인 실체가 아니라 세상을 전체적으로 규정하고 정의하는 악의 화신이기 때문이다.

5·18 북한군 개입설 같은 것도 그러하다고 본다. 5·18을 부정하고 싶은데 김대중이 어떻고 시민군이 어떻고 하는 것은 양에 차지 않을 것이다. 적어도 북한, 그것도 군대 정도는 왔다고 해야 세상을 보는 그들의 시야에 적합하기 때문인 듯하다.

사정이 이러했으니 국힘이 벌이는 고만고만한 운동권 청산 문제가 양에 찼을 리 없다. 그렇게 주사파를 떠들어대던 사람들은 한동훈이 벌인 운동권 청산 문제에 거의 아무런 관심을 두지 않았다. 관심을 두지 않는 것은 보수파만이 아니다. 진보 진영은 말이 되는 공격과 타격이 되지 않는 공격을 본능적으로 구분한다. 그들은 빠르게 주사파 척결과 같은 주장이 자신에게 아무런 타격이 되지 않을 뿐만 아니라, 되레 유리하다는 것을 직감하고 응대하지 않기로 입장을 정리했다.

한동훈 비대위원장이 시작한 운동권 청산이 시즌 1이었다고 한다면 나는 시즌2가 진행되어야 한다고 본다. 이를 위해서는 주사파를 무작정 악마화했던 풍토부터 바로잡아야 한다.

이재명 주사파설

이번에는 주사파 문제와 관련한 주요 쟁점 또는 오해에 대해 말해 보겠다. 첫째는 이재명 주사파설이요, 둘째는 이재명 경기동부설 유착설이고, 셋째는 전대협−한총련 문제, 그리고 넷째는 전대협2기설이고, 다섯째는 이른바 PD 문제이다.

그럼 이재명과 주사파는 어떤 관련이 있을까? 다양한 쟁점들을 정리해 보자.

80년대 초반

2017년 펴낸 『이재명은 합니다』에는 주목할 만한 기록이 있다. 책에서 이재명 민주당 당대표는 이영진(중앙대 법대 82학번)과의 인연을 소개하며 ….

"나 역시 사법고시 준비만 아니었다면 그 친구와 함께 구속되었을 것"이라며 "영진에게 내 몫의 짐까지 얹어준 게 아닌가 하는 죄책감이 내내 나를 괴롭혔다"라고 했다.

또 "대학 1학년 때 했던 약속 또한 계속 유효하다.", "제도권으로 들어가 안에서부터 부정부패의 썩은 뿌리를 잘라내고 정의를 세워 나가는 그 혁명의 대업을 완수해야만 약속도 완성되는 것"이라고 덧붙였다.

이 글에서 중요한 대목은 82년에 그런 약속을 했느냐가 아니라 왜 2017년 대선 국면에서 굳이 이런 내용을 소개했는가이다.

대학 1~2학년 때 많은 학생들이 혁명, 해방 등을 거론하며 평생 그것을 하자는 치기 어린 맹세를 하곤 한다. 나도 술자리에서 여러 번 그런 약속을 했더랬다. 그런데 이런 약속들은 시간이 지나면서 자연스럽게 사라지고 우리가 그런 약속을 했더랬다는 추억만 남는 법이다. 그런데 이재명 대표는 82년 약속을 굳이 2017년 책에 담았다.

그는 여전히 혁명 운운하는 단어들이 각별한 의미로 다가오는 듯하다.

80년대 초반 혁명에 가장 가까운 단어는 북한, 해방전후사, 막스와 사회주의 등이다. 사람들은 막스와 사회주의에 방점을 두지만 실천적으로는 북한과 해방전후사가 가장 중요한 키워드였다. 그렇다면 80년대 초반 어느 시점에 북한과 관련된 특별한 체험같은 것이 아니었을까? 내가 염두에 두고 있는 것은 북한과 관련해 특별한 생각을 갖고 있는 선배를 만나 일정 기간 공부를 했다는 정도이다.

이재명 대표를 운동권과는 별다른 관련이 없는 인물로 묘사하곤 한다. 일반적으로 알고 있는 경험과 상식에서 보면 그렇게도 볼 수 있지만 이재명 대표의 언행은 운동권과 분리해서 이해하는 것이 부자연스러울 정도로 운동권스럽다. 나는 두 가지 생각 중 이재명 대표가 운동권과 일반적이지 않은 매우 특별한 관련이 있다는 데 무게를 두고 싶다.

1·19 최고위원회 발언에서 이재명 대표는 기념비적인 발언을 한다.

"선대들, 우리 북한의 김정일, 또 김일성 주석의 노력들이 폄훼되지 않도록, 훼손되지 않도록 애써야 할 것 …."

이 발언에서 중요한 것은 그 말의 의미가 아니라 단어이다. "선대들"이라는 단어는 선대 수령과 연결지어 주로 북한에서 쓰는 말이다. 남한에서도 쓰기는 하나 주로 북한에서 사용하는 말이다.

사실 말은 입에 익어야 나온다. 우리가 어떤 의미의 말을 하고자 할 때 같은 말이라도 입에 익은 단어와 표현을 사용하게 되는 법이다. 그런데 왜 군이 북한 용어를 사용했을까? 이것이 80년대의 특별했던 기억과 어떤 연관이 없을까?

1월 31일 신년 기자회견에서 이재명 당대표는 "수백만이 죽고 전국토가 초토화된 6·25 전쟁도 어느 날 갑자기 일어난 것이 아니다"라며 "삼팔선에서 크고 작은 군사 충돌이 누적된 결과"라고 주장했다.

이 또한 놀라운 주장이다. 역시 뜻이 아니라 단어이다. 위 문구는 브루스 커밍스의 『한국전쟁의 기원』이라는 책에 나오는 주장이다. 일제시대부터 지주·소작 관계와 같은 사회·경제적 갈등이 심화되어 전쟁이 발발했고 전쟁의 발발도 어느 날 갑자기 터진 것이 아니라 작은 전쟁의 누적에 의해 일어났다는 주장이다. 여기서도 주목할 것은 뜻이 아니라 표현이다. "크고 작은 군사 충돌이 누적된 결과"라는 문구는 브루스 커밍스의 주장을 상징하는 문구이기 때문이다.

그런데 사회주의가 해체되면서 수정주의는 사라지고 북한이 남침했다는 주장이 정설로 받아들여졌다. 즉 80년대 후반~90년대 초반 이후에는 저런 문구는 잘 쓰지 않는다. 그런데 학자도 아닌 정치가가 지금은 잘 쓰지 않는 문구를 사용하는 것은 아무래도 어색하다. 이 또한 80년대 어느 시점에서 있었던 특별한 경험과 연관되어 있지 않을까?

주사파와 관련된 이재명 대표의 특별한 경력은 2010년 성남시장 선거이다. 여기서 이재명 당대표는 통합진보당 김미희 후보와 선거 협약을 맺고 김미희 후보가 사퇴하면서 궁극적으로 성남시장에 당선된다. 이때 이재명-김미희, 이재명-경기동부 사이에 공식적인 연합인수위가 만들어진다.

연합인수위에는 이재명 캠프와 경기동부연합이 1:1 구조, 즉 대등한 구조로 짜여 있었다. 내용적으로 이재명 대표는 김미희 후보의 사퇴를 대가로 나눔환경 등에 경기동부연합이 접근할 수 있도록 허용한다.

많은 의견들은 이를 계기로 이재명이 경기동부연합·주사파와 연합을 했다고 보는 경향이 있지만 실상은 상당히 다르다.

먼저 경기동부연합은 2012년 4월 총선에서 대약진하며 이석기·이상규 등을 원내에 진입시키며 기세를 올리고 있었다. 아마도 2012년 민주당과 선거연합 등을 통해 더 큰 목표를 염두에 두고 있었을 것이다. 그런 견지에서 당시로만 보면 이재명과 모종의 연합을 한다는 것은 작은 문제였을 것이다. 2012~3년 이석기사태로 통진당이 해산되면서는 주로 진보당 재건에 역량을 집중한다. 실제 경기동부 출신들의 동선을 파악해 보면 대부분 진보당 재건에 집중되어 있었다.

따라서 2010년 이후 이재명과 경기동부 사이에 구조적인 연계가 유지되었을 것이라고 보는 견해는 다소 억측이다. 특히 경기동부가 이재명 민주당 당대표를 배후에서 조정했다고 주장하는 것 또한 넌센스다.

그럼에도 경기동부가 이재명의 배후에 있다는 터무니없는 주장들이 맹위를 떨치고 있다. 그리고 그런 주장을 서슴없이 하는 사람들 대부분이 경기동부에 대한 초보적인 지식도 가지고 있지 않은 사이비들이다. 가장 놀란 것은 일고의 가치도 없는 주장들을 아무렇지도 않게 주장하고 이를 최소한의 검증도 없이 수용하며 마침내 그것이 일류 정치인·언론사까지 파급되었다는 점이다.

경기동부

경기동부가 너무 신비화되어 있어 경기동부에 대해서는 별도의 장을 통해 소개하고자 한다.

80년대 중후반 학생운동은 각 지역단위로 나뉘어 활동했다. 서울지역은 서대협, 서총련, 호남지역은 남대협, 남총련하는 식이다. 경기동부는 용인성남지역총학생회연합(용성총련) 휘하에서 투쟁했고 이를 모태로 이른바 경기동부가 만들어진다.

경기동부의 이석기는 민혁당 초기부터 관여한 것으로 알려져 있다. 김영환은 법정 증언에서 이석기가 당시에도 확고한 리더였다고 밝힌 바 있다.

90년대 초중반 경기동부는 나름 독특한 입장을 견지한다. 이 부분은 주로 과거 운동권에 해당했던 사람들에게 필요한 내용이므로 그렇지 않은 사람은 그러려니 넘어가길 바란다.

첫째는 노학연대 선봉대를 조직하여 활동했다는 것이다. 주사파는 청년·학생운동을 매우 중시한다. 물론 노학연대를 중시하기도 하지만 조직의 이름을 노학연대라고 붙여 특별히 강조할 정도는 아니다. 그런 면에서 노학연대 선봉대라는 명칭은 경기동부의 독특한 문제의식을 잘 보여주는 발상이었다. 둘째, 범민련-민족회의 논쟁에서 민족회의를 지지한 점, 셋째는 합법 정당 논쟁 국면에서 합법 정당에 대한 우호적인 태도를 유지한 점 등이다.

나는 90년대 중반 범민련을 옹호하는 정치활동을 하거나 범민련 남측본부에서 일할 때 경기동부 친구들을 만난 적이 있다. 흔히 사람사랑학생회 등으로 분류되었는데 매우 실천적이고 독립적이어서 좋은 인상을 받았던 기억이 있다.

90년대 후반 전국연합 3파가 '군자산의 약속'을 통해 민노당에 가입하기로 하면서 경기동부의 활동력이 배가된다. 기억할 만한 것은 첫째, 효순·미선 싸움 등 반미투쟁을 주도한 이력이다. 효순·미선 공대위는 주로 경기동부 출신이 활약하고 있었는데 강인하고 헌신적인 기풍으로 투쟁을 효과적으로 선도했다. 둘째는 왕성한 민노당 활동이요. 셋째는 양경수, 강성희 등 훗날 민주노총 위원장·진보당 국회의원이 되는 청년 간부들을 비정규직 운동에 투신하게 한 점 등을 꼽을 수 있다.

2004년을 경계로 전국연합 3파가 민노당과 민주노총을 사실상 접수한다. 이어 민노당 내부에서 주사파 그룹 사이의 합종연횡이 벌어지는데 경기동부는 광주전남과 연합하여 대체로 2006년 이후 민노당의 당권을 장악한다.

극적이었던 것은 2012년 4월 선거인데 민주당과의 광범위한 연합을 통해 지역 7석, 비례 6석을 얻게 된다. 이때 당선된 지역후보 중 이상규, 김미희, 오병윤, 김선동 등이 경기동부이고 비례에는 이석기와 김재연이 있다.

이재명과 김미희 사이에 성남시장을 둘러싼 선거연합은 경기동부가 당권을 장악하기 시작한 2006년에서 국회의원 선거에서 약진한 2012년 사이에 일어난 사건이다. 당시만 보면 이재명보다 경기동부가 정치적으로 더 큰 존재였고 경기동부는 이재명이나 성남시장 정도가 아니라 2012년 대권에서 민주당과 연합정부를 운위할 정도였다. 따라서 2010년 시점에 이재명과 경기동부의 정치연합은 일시적이고 일회적인 성격이었다고 봐야 한다.

2013년 경기동부, 통진당 해산, 이석기 구속 이후 경기동부는 두 갈래로 갈린다. 하나는 통진당 재건으로 민중연합당–민중당–진보당을 거쳐 부분적으로 재건에 성공한다.

2022년에는 전주시을 재보궐선거에서 강성희 후보가 당선되었고 2022년 지방선거에서는 진보당 후보 21인이 당선되었다. 21인 중 15명이 광주·전남지역의 농촌 출신인데 명단은 다음과 같다.

전북도의원 오은미, 전남도의원 오미화, 전남도의원 박형대, 광주 광산구 국강현, 광주 광산구 김은정, 광주 광산구 김명숙, 광주 서구 김태진, 광주 동구 박현정, 광주 북구 손혜진, 전북 익산

시 손진영, 전남 화순 김지숙, 전남 순천 유영갑, 전남 순천 최미희, 전남 나주 황광민, 전남 광양 백성호이다.

결국 2024년 4월 총선에서 비례 2석, 지역 1석으로 3석을 차지했다. 정의당이 몰락한 자리를 진보당이 차지한 형국으로 재기에 성공했다고 볼 수 있다.

둘째는 진보당 재건을 축으로 그를 뒷받침하는 대중조직 건설 노력이다. 앞서 이야기한 바 있듯이 양경수, 강성희 등 청년운동가들을 비정규직 운동에 투신시켜 장래 민주노총 위원장, 국회의원으로 만들었고 학교 비정규직, 건설, 마트 노조 등에서 새로운 기반을 마련한 것으로 보인다. 이를 기반으로 2020년과 2023년에 민주노총 위원장 선거에서 양경수 후보가 당선되었다.

상황을 요약하면 경기동부 그리고 이재명-경기동부 사이의 관계는 다음과 같이 요약할 수 있다.

첫째, 경기동부는 80년대 중후반 87년 6월 민주화운동 당시 용인·성남 지역 학생운동을 축으로 발전했다.

둘째, 경기동부는 2000~2001년 '군자산의 약속'을 배경으로 세력을 확대하고 민노당에서 근거지를 마련한 후 2006~12년경에는 민노당의 최대 분파로 성장했다.

셋째, 2010년 성남시장 선거에서 이재명-경기동부, 이재명-김미희 사이에 일회적인 정치연합이 있었고 일회적인 정치연합이 있은 후에는 각자가 자기 일에 주력한다. 경기동부의 경우에는 2012년 민주연합 정부가 가장 중요한 이벤트였을 것이다.

넷째, 2013년 통진당사태 이후 경기동부는 민노당 재건에 역량을 집중하게 되고 이재명은 경기동부에 관심을 두지 않았을 것이다. 이재명의 입장에서는 주홍글자가 찍힌 경기동부와 관련을 맺는 것은 이로울 게 없다고 판단했을 것이다.

결론적으로 2013년 이후 이재명과 경기동부가 내밀한 정치적 관련을 가졌다고 보기는 어렵다.

사람들은 주사파와 경기동부를 일치시키는 경향이 있다. 실상을 말하자면 경기동부는 주사파 여러 개 그룹 중 하나라고 볼 수 있다.

주사파는 여러 개의 그룹으로 나눌 수 있다. 민혁당에서 파생된 그룹이 경기동부와 울산(부산은 보통 울산에 포함한다)이고 민혁당과 독자적으로 성장한 인천그룹이다. 경기동부, 울산, 인천을 합쳐 전국연합 3파라고 한다.

특별히 언급할 만한 그룹은 인천그룹이다. 혹자는 인천그룹을 남로당 이후 좌익 계열 중 가장 큰 조직이었다고 하는 사람들이 있다. 그 정도로 컸다. 인천그룹은 고대 81학번 강희철이 중심이 되어 주로 인천 지역에서 서울로 통학하던 대학생들이 시작했는데 인천 지역을 석권한 후 90년대 중반 이후에는 타지역까지 세력을 확대했다. 특히 농민쪽에 상당한 세력이 있었던 것으로 보이고 전국연합 의장 오종렬이 인천 소속이었다.

민혁당의 잔당이었던 경기동부와 울산이 정당에 상대적으로 적극적이었다면 인천은 상대적으로 소극적이었던 것으로 알려져 있다. 따라서 민노당에 합류하기로 한 '군자산의 약속'은 인천파가 입장을 셀리아내서 실현되었나고 볼 수 있나

전체적으로 보면 인천파와 경기동부가 주사파의 양대산맥으로 세력이 비슷했는데 경기동부가 광주·전남과의 연합에 성공하면서 세력 균형이 무너지고 경기동부의 독주가 진행된 것으로 본다.

드라마틱하고 미스터리한 것은 2013년 통진당 해산 이후 인천연합의 분화과정이다. 경기동부가 이석기사태에도 불구하고 이를 부정하고 본래 입장을 견지했다면 인천연합은 상당한 내부 분화를 겪었을 것으로 보인다. 내부 이야기를 종합하면 통진당 사수 입장을 견지한 쪽, 통진당 대신 정의당에 합류한 쪽, 아예 운동을 그만 둔 쪽으로 나눌 수 있는 것 같다.

이상의 이야기는 외부자로서 들은 이야기를 이리저리 종합한 것에 불과하다. 경기동부에 대한 책이 한 권 있는 것처럼 인천파에 대한 책도 누군가 집필할 것을 희망한다. 특히 경기동부가 이석기사태에도 단일한 입장을 견지한데 비해 인천파는 내부 분화를 겪었기 때문에 기록의 가치가 크다고 본다.

전국연합 3파 이외에 학생운동에서 분화한 그룹 등이 있다. 대표적인 것이 대진연, 범민련파, 코리안연대 등이다. 이 그룹은 90년대 중반 범민련 사수를 주장하던 학생운동에서 분화한 세력으로 기억해 둘 필요가 있다. 특히 대진연은 지금도 왕성한 활동을 하고 있기 때문에 기록할 가치가 있다.

그외 지역마다 조그만 주사파 분파들이 있다. 창원, 제주, 청주 간첩단 사건은 지역을 단위로 활동했던 조그만 주사파 분파들을 배경으로 벌어진 사건으로 볼 수 있다.

전대협과 한총련

학생운동은 보통 70년대 반유신, 84년~85년 전학련·삼민투, 86~87년 전대협 1기, 88~92년 전대협 2기, 93~97년 한총련으로 구분할 수 있다.

물론 이건 필자의 생각이 강하게 반영된 편의적 구분이다. 필자는 인적 구성, 운동의 성격 등을 고려하여 위와 같이 구분할 수 있다고 본다. 결정적이고도 특별한 차이는 학생운동을 전대협과 한총련으로 구분하지 않고 전대협과 전대협 2기, 한총련으로 구분한 점이다.

전대협 1기는 86~87년으로 급진 이념에 물들기는 했지만 어쨌든 전체적인 기조가 반독재 민주화에 있었다. 반면 88~92년 전대협 2기는 사실상 직선제를 통해 민주화가 완성된 이후의 운동이라 민주화운동으로 보기 어렵다. 그런데 사회 전체적으로 반독재 투쟁의 여운이 남아 있어 그렇게 착각하는 것이다. 93년 이후 한총련 시기의 학생운동은 전대협 2기의 연장선이었다. 이 시기는 종북, 폭력 성향이 강했고 이적단체로 판시되어 학생운동의 성격을 두고는 전대협 2기 같은 대중적인 혼란은 적은 편이다.

요약하자면 학생운동은 급진 이념에 젖어 있었지만 반독재 민주화운동이었던 반유신, 전학련삼민투, 전대협 1기까지를 한 시기로 하고 88년 이후 전대협 2기와 한총련을 급진 이념에 물든 시기로 구분할 수 있다.

대중적으로 보면 전대협-한총련으로 구분하고 전대협은 어쨌든 반독재운동을 하고 한총련은 종북·폭력 성향이었다는 인식이 강했다. 더구나 이에 더해 임종석 전 비서실장을 고리로 저명한 전대협 운동권이 청산되면 이어서 보다 폭력·종북적인 한총련이 이를 계승할 것이라는 생각이 광범위하게 확산되어 있는 상태였다.

결론적으로 임종석과 같은 386운동권이 청산되고 한총련도 중도에 하차하면서 운동권 청산론은 미궁에 빠진 형국이었다. 사실을 객관적으로 보지 않고 악마화하는 전통이 정작 운동권 청산 국면에서 심각한 허점을 드러낸 것이다.

사실을 정리해 보자.

첫째, 22대 총선 과정에서 이재명 체제는 과거 넓은 의미의 운동권에서 전대협 2기(정청래, 한병도, 진성준, 서영교 등)를 중심으로 하는 친명 운동권 세력에 의해 지탱되고 있다.

둘째, 이재명을 옹호하는 운동권 세력은 다양하게 퍼져있지만 핵심은 전대협 2기이고 임종석 등 저명한 386운동권 일부와 한총련 세력은 탈락했다.

셋째, 전대협 1, 2기에 비해 한총련 세력은 숫자와 질 모두에서 현격히 부족하여 전대협 수준의 역량를 발휘하기 어렵다. 따라서 전대협을 한총련이 계승할 수 없다 등이다.

84~85년은 전학련 삼민투 시기이다. 전학련 삼민투 시절 학생운동을 장악했던 정치 이념은 막스·레닌주의였다. 막스·레닌주의는 사회주의형 민주주의를 기본 모형으로 삼고 이를 모범으로 삼았던 나라는 소련이었다.

85년 2월 2·12 총선 직후 직선제가 본격화되었지만 이는 학생운동과 충돌했다. 학생운동의 관점에서 보면 직선제는 혁명을 방해하는 위험한 사조였기 때문이다.

84~85년 나는 여러 차례 가두시위에 참가했다. 가두시위 과정에서 나는 전두환 독재에 반대하는 주장을 하는가 하면 양김씨의 직선제 주장에 대해서도 비판적인 생각을 피력했다. 이때 거리 시민들이 보였던 곤혹스러운 반응에 의아해 했던 기억이 있다.

학생들이 직선제에 긍정적인 입장을 보이기 시작한 것은 86년 주체사상이 도입되면서부터이다. 북한은 방송을 통해 직선제, 양김씨와의 연대, 비폭력 평화시위와 같은 새로운 방침을 주장했고 이에 공감한 것이 주사파이고 주사파 학생조직이 6월 민주화운동에서 세를 확보하는 과정에서 만든 조직이 전대협이다.

요약하자면 84~5년 전학련 삼민투에 북한, 주사파, 대중노선이 결합하면서 86~87년 전대협이 된 것이다.

70년대 반유신 투쟁, 84~85년 전학련 삼민투, 86~7년 전대협 1기 모두 영미 자유주의보다는 소련·북한형 민주주의(?)에 기초하여 벌어진 사건들이다. 따라서 순수한 학생운동으로 분류하기에 애매한 측면이 있다. 그럼에도 다수 학생들과 시민들이 직선제에 공감해 대중시위에 가담했고 그들의 열망에 기초해 운동이 진행된 만큼 반독재 민주화운동으로 분류할 수 있다.

87년 6월 민주화운동에 이어 직선제가 여야 합의로 통과되고 그에 기초해 대통령 선거가 치러졌다면 민주화는 기본적으로 완성된 것이다. 학생들은 민주화운동에 기여했다는 포부와 자부심을 갖고 학업에 돌아가 사회발전에 필요한 전문적 식견과 지식을 쌓을 일이었다. 그러나 학생운동은 민주주의의 남은 과제가 있다고 생각했다. 그것은 직선제를 보완하는 문제가 아니라 민주주의의 또 다른 단계가 있다고 본 것이다.

영미형 민주주의는 선거를 통해 정권의 정통성을 확인하는 새로운 길을 열었다. 이는 전통시대 왕의 혈통을 통한 승계와 대립되는 것이었다. 경제적 문제, 빈부격차와 같은 문제들이 예민한 쟁점을 만들어졌지만 사민주의처럼 민주주의적 방식 위에서 사회적인 문제를 해결하는 식으로 단초를 찾았다.

반면 소련형 민주주의는 선거는 민주주의의 1단계이고 사유재산 철폐와 같은 본격적인 2단계가 있다고 보았다. 따라서 6월 민주화운동 과정에서 학생운동이 직선제에 공감하기 시작한 것은 사유재산 철폐와 같은 2단계 혁명으로 가는 과정에서 직선제를 어떻게 처리할 것인가와 같은 전술적인 문제에 가까웠다.

소련형 민주주의의 또 다른 형태는 제국주의-식민지 문제였다. 제국주의-식민지 관계는 민주주의를 억압하는 주체가 제국주의, 즉 미국에 있는 만큼 직선제가 된 이후에는 미국을 반대하는 민주주의의 근본 문제를 완수하는 과제가 일정에 오르게 되는 것이다.

"자주 없이 민주 없고 통일 없이 민주 없다"는 6월 민주화운동 직후의 구호는 이를 집약한 것이다.

노래들이 있다. 학생운동의 동력은 수백, 수천 명이 참가하는 집회였던 만큼 노래가 잘 발달되어 있었다. 노래 몇 가지를 소개하면 다음과 같다.

전대협 진군가

일어섰다. 우리 청년학생들 / 민족의 해방을 위해
뭉치었다. 우리 어깨를 걸고 / 전대협의 깃발 아래
강철같은 우리의 대오 / 총칼로 짓밟는 너

조금만 더 쳐다오 / 시퍼렇게 날이 설 때까지
아, 전대협이여 / 우리의 자랑이여
나가자 투쟁이다 / 승리의 그 한 길로

한총련 진군가

불패의 한길 달려온 / 자랑찬 백만 청년아
민족의 등불은 청년의 눈빛 / 당당히 밝혀 가리라
피로 꿈틀대는 팔목에 힘을 주어라
자주민주통일 전선으로 / 한총련 깃발 드높이
애국을 움켜쥔 주먹

전대협 진군가에서는 민족 해방, 한총련 진군가에서는 자주민주
통일전선으로처럼 투쟁의 목적이 민주가 아니라 민족해방이나 자
주통일로 명시되어 있다. 이는 당시 불렸던 노래 거의 대부분에서
쉽게 발견할 수 있다.

88~97년 근 10년에 걸쳐 격렬한 투쟁이 벌어졌다. 이 투쟁은 직
선제 민주주의 이후 2단계 민주주의—사실상 혁명—를 향한 새로
운 차원의 투쟁이었다. 결정적이었던 것은 88~92년 전대협 2기는
87년 6월 민주화운동의 성과로 학생운동 역량이 정점에 이르렀다
는 점이다. 대표적인 것이 91년 5월 강경대 투쟁이었다.

91년 4월 26일 명지대 강경대 학생이 교문 시위 도중 사망했고 이에 저항하는 대중시위가 서울 거리를 완전 휩쓸었다. 이 과정에서 10여 명에 달하는 학생과 일반인이 사망했다. 상황을 압도했던 것은 강경대 학생이 사망하게 된 근본 원인에 대한 사람들의 생각이었다. 사람들은 여전히 남아 있는 공권력의 폭력성을, 학생들 다수는 미국의 식민지 상황에서 비롯된 정치적 억압을 원인으로 보았다. 이 간극 사이에서 10여 명의 학생이 분신·투신 사망했다.

앞서 이야기한 바와 같이 전대협 2기에 학생운동의 분화들이 생겨나기 시작했다. 88년을 기점으로 서울대 학생운동이 비주사 실용주의 흐름을 타기 시작하나 마지막 순간까지 운동권 틀은 벗어나지 못했다. 학생운동은 고려대–한양–전남대 주사파 운동 지도부가 상황을 주도했다.

극적인 변화는 90년 3당합당이었다. 90년 김영삼의 민주당이 노태우의 민정당, 김종필의 공화당과 합당하며 정치지형을 흔들었다. 여기서 중요한 것은 87년 6월 민주화운동의 중심이었던 김영삼의 부산, 민주당이 의회 민주주의 속으로 합류한 점이다. 이렇게 되자 김대중의 호남, 평민당이 고립되었고 이는 학생운동 판도에도 그대로 투영되었다. 학생운동에서 서울과 부산·경남이 이탈하고 호남 중심으로 편제되기 시작한 것이다. 전대협과 한총련의 결정적인 차이가 이것이다.

이상을 표로 정리하면 다음과 같다.

전대협 1기	전대협 2기	한총련
86~87년	88~92년	93~97년
명문대 중심의 학생운동 조직화된 학생운동 취약	운동의 전국화·대중화 강력한 학생운동	호남 중심의 학생운동 서울 등 중심부 학생운동 이탈
강력한 대중적 지지	강력한 대중적 지지	대중적 지지의 급격한 약화

결론은 다음과 같다.

첫째, 전대협은 1기와 2기로 구분해야 한다. 외형상 전대협 1기, 2기가 같은 것처럼 보이지만 1기는 반독재 투쟁 중심이었다면 2기는 사실상 자주통일, 인민 민주주의 운동이었다고 볼 수 있다. 다음에서 말하겠지만 전대협 2기의 운동은 민주화운동으로 분류하지 않는 것이 좋다고 본다.

둘째, 한총련은 학생운동 몰락기의 운동이다. 운동이 호남 중심으로 편제되었으며 국민적 지지도 급격히 약화되고 있었다. 따라서 한총련 세대가 세대 수준에서 정치적으로 재기하는 것은 거의 기대하기 어려운 일이다.

시중에는 전대협 운동이 한총련으로 계승될 것이라는 주장들이 많았고 영향력있는 유력 정치인들, 언론에서조차 그런 주장들을 했다. 필자는 그런 주장이 터무니없음을 역설했지만 역부족이었다. 무엇보다도 사실에 기초한 객관적인 주장을 넘어 덮어놓고 악마화하는 일련의 발상들이 문제였다고 본다.

PD 또는 범운동권

보통 운동권을 NL과 PD로 구분한다. NL은 반미·친북이 대표적인 특징이고 PD는 노동 문제를 중시하고 사회주의적 성향을 갖는다. NL은 구분하기 쉽고 북한과 연루되어 있으며 대중적 파급력도 크고 숫자도 많다. 따라서 운동권하면 NL 또는 주사파로 통칭하는 경향이 있다. 덕분에 NL과 구분되는 PD 성향에는 시선을 돌리지 않는 경향이 있다.

결론부터 말한다면 NL 주사파가 조직화되어 있고 자극적이어서 더 많은 주목을 받지만 운동권이 정치권에 미친 영향을 거론한다면 PD 또는 이후에 말할 범운동권이 훨씬 강한 영향을 미쳤다고 볼 수 있다.

대표적인 사람이 조국이다. 조국은 넓은 의미의 운동권으로 CA로 분류되는데 CA는 PD의 일분파로 볼 수 있다. 조국 대표와 조국 혁신당은 4·10 총선에서 돌풍을 일으켰는데 그 주역들이 강남 좌파 성향의 운동권 출신 중년층과 호남이다.

80년대 중후반 PD는 막스·레닌주의와 같은 급진적 성향을 갖고 있었다. 90년대 초반 사회주의 붕괴 이후 NL이 여전히 조직적이고 전통적인 입장을 유지한 반면 PD는 전통 급진주의를 유지하면서도 시대의 흐름에 맞게 변모했다. 이것이 문재인-이재명의 급진주의와 맞아 떨어지면서 4·10 돌풍의 주역이 된 것이다.

NL과 PD 모두 운동권이다. 따라서 양자가 기저에서 공통으로 갖고 있는 성향이 있다. 전민항쟁, 인민 민주주의 또는 직접 민주주의, 사회주의적 성향 등이 그러하다. 이들은 한쪽 측면에서 보면 급진주의를 현대적으로 순화한 노선이면서 다른 한편으로는 NL-PD가 운동권 이전에 갖고 있던 원초 관념과 일치한다.

이번 절에서는 NL의 두드러진 특징 반미·종북이외의 성향, 하나는 PD 다른 하나는 NL-PD 이전에 운동권 전체가 갖고 있는 운동권 성향을 다루고자 한다.

운동권 전체를 관통하는 근본적인 주제 중 하나는 민주주의다. 그런데 민주주의에는 하층 대중이 중심이 된 아래로부터의 방식이 있고 지배층·기득권층이 중심이 된 위로부터의 방식이 있을 수 있다. 80년대 중반 운동권 민주주의는 영미형 민주주의의 위로부터의 성향을 불온시하고 민중이 아래로부터 민주주의를 쟁취하는 것을 중시했다.

즉 민주주주의의 주체가 부르조아 또는 기득권층이 아닌 민중·대중 민주주의만이 참된 민주주의이고 아래로부터의 민주주의를 중시하기 때문에 대중이 참여하는 방식 중 하나인 직접 민주주의를 자연스럽게 강조하고 지배층과의 타협이 아닌 항쟁의 형태를 민주주의 실현 방도로 생각하게 된 것이다. 이를 개념화한다면 프롤레타리아민주주의, 인민 민주주의 정도로 부를 수 있겠다.

운동권의 아래로부터의 민주주의는 영미형 민주주의와 다르다.

먼저 영미형 민주주의는 아래로부터의 민주주의가 아니라 위로부터의 타협의 산물이다. 소크라테스-플라톤-아리스토텔레스와 같은 고대 그리스의 선각자들은 대중 민주주의를 혐오하고 불온시해왔다. 영국의 민주주의는 명예혁명이라 부르듯 위로부터의 타협의 산물이고 영국의 보수주의는 프랑스혁명의 아래로부터의 민주주의에 대한 거부감에서 발생했다.

운동권의 아래로부터의 민주주의, 인민 민주주의는 60~70년대 민중론, 80년대 중후반 노동자 계급론에 뿌리를 두고 90년대 사회주의 붕괴와 민주주의 발전에 따라 부분적인 변화를 준 것이다. 최근에는 이를 반영하여 인민 민주주의에서 아래로부터의 민주주의를 유지하되 폭력성을 순화하는 직접 민주주의를 강조하는 편이다.

두 번째는 이른바 적폐청산, 검찰독재와 같은 주장이다. 사회주의 또는 민족해방이론에 따르면 공안기구와 관료시스템 등은 독재체제, 자본가 질서를 지탱하는 파쇼폭압기구이다. 따라서 이를 타도하고 절멸하는 것은 사회주의혁명 또는 민족해방운동의 핵심적인 과제 중 하나다.

여기에 덧붙여진 것은 이들을 절멸시켜야 하는 이유로 친일파 문제를 거론한다는 점이다. 한국에서 친일파는 타협이 불가능한 절대적인 정적이다. 상대방을 친일파로 모는 것은 상대방과 타협할 수 없고 대를 이어 싸워서라도 반드시 이겨야 하는 대상임을 뜻한다. 적폐청산과 친일파 청산이 동전의 양면인 이유가 여기에 있다.

문재인 정권, 이재명 정치세력이 들어서면서 적폐청산, 검찰독재, 친일파 문제가 동시에 제기되었다. 문재인 정권은 들어서자마자 구세력을 적폐로 규정하고 광범위한 적폐청산 작업을 진행했다.

여기에 저항한 것이 윤석열 검찰이었다. 적폐청산은 적과 아가 명확한 일종의 전쟁으로 적에 대해서는 비타협적이면서 아의 허물은 덮어주는 것이다. 그런데 윤석열 검찰이 이 원리를 무시하고 반대하기 시작하자 이번에는 윤석열 검찰을 정치검찰 나아가 검찰독재, 검찰공화국으로 몰아붙였다.

돌이켜 보면 황당한 구호였다. 윤석열 대통령의 장모인 최은순 씨가 수감생활을 하고 검찰이 청구한 이재명 대표에 대한 구속영장이 법원에 의해 기각되었음에도 검찰독재라는 프레임은 수그러들지 않았다. 애초부터 정치적 문제를 넘어 이념적인 문제에 가까웠기 때문이다

사실에 부합하지 않음에도 정치검찰, 검찰독재 프레임이 먹혀든 것은 이를 주장하는 사람들이 사실 여부와 무관하게 청년 시절의 오랜 감수성에 기반해 그런 주장을 했고 국민 다수도 그런 심리 상태에 있었기 때문이다.

그런 주장이 쉽게 먹혀든 데는 70~80년대 반독재투쟁이 영미식 자유주의, 민주주의가 아니라 소련형, 북한형 민주주의에 기초하여 진행되었기 때문에 검찰을 쉽사리 기득권, 독재의 하수인, 친일잔재의 유산으로 보는 시각이 발달해 있었기 때문이다.

운동권 잔재의 세 번째 유산은 사회주의적 경제시책이다. 80년대 중후반 자본주의와 사회주의를 갈랐던 기준은 사유재산의 허용여부와 프롤레타리아 독재 같은 것들이다. 사회주의 붕괴 이후에는 사민주의가 이를 대신했다. 자본주의가 기업가의 경제활동 자유를 중심에 두고 경제시책을 추진하는 반면 사민주의적 방식은 임금인상, 사회복지 등 노동자·대중의 경제적 권익을 증진하는 데 우선을 두었다.

이를 잘 보여주는 것이 조국과 조국혁신당의 주장이다. 조국은 "제6공화국 헌법은 국민께서 길고 긴 투쟁 끝에, 1987년 피맺힌 6·10 항쟁을 통해 일궈낸 것이고 투쟁과 희생으로 만들어진 현행 헌법의 요체는 독재 종식과 대통령 직선, 그리고 자유권 보장"이라 주장하고 7공화국 헌법은 다음의 7가지 조항을 담아야 한다고 제안했다.

△부마민주항쟁, 5·18 민주화운동, 6·10 민주항쟁 헌법 전문에 수록 △'수도는 법률로 정한다'는 조항 신설 △대통령 5년 단임제를 4년 중임제로 변경 △검사의 영장 신청권을 삭제 △'사회권' 강화하는 일반 조항 신설 △동일 가치 노동 동일 수준 임금 명문화 △'토지공개념' 강화 등을 제시했다.

이 중 주목할 만한 점은 "사회권 강화하는 일반 조항 신설"이다. 조국에 따르면 6공화국은 정치적 자유가 핵심이었다면 이제는 의료, 교육, 복지 등 각계 영역에서 인간다운 삶을 보장하는 사회권이 중요하다는 것이다.

조국은 이를 7공화국으로 명명하고 있는데 7공화국의 핵심이 사회권인 셈이다. 진보 진영의 사회, 사회서비스, 사회적 경제 등은 진보 진영을 보수진영과 차별화하는 핵심적 지표이다. 물론 보수 진영도 경제민주화, 따뜻한 보수 등 약자를 보호하는 일련의 주장을 하고 있으나 7공화국처럼 사회권이 진보와 차별화되는 근본적인 이데올로기로 부각하고 있지는 않다. 이런 관점에서 이재명 대표의 기본소득론도 유사하다고 볼 수 있다.

NL은 숫자가 많고 선명하지만 기존 노선을 그대로 계승하는 경직성을 가졌다. 덕분에 대중으로부터 멀어졌다. 주사파를 공격하는 입장에서 보면 이들의 처지를 정확히 보고 좀더 섬세하게 포인트를 잡았어야 한다.

요즘 간첩이 어딨냐는 질문에 대해 "없다"라고 대답하는 것은 사실이 아니다. 반면 요즘 간첩은 이전에 비해 많이 위축되고 고립되어 있는 것이 사실이다.

PD 그리고 넓은 의미의 운동권 성향은 시대에 맞게 변모했다. 그들은 대중의 구미에 맞게 적절히 변신하여 심지어는 권력을 잡기도 했다. 따라서 대중에 미치는 영향력은 더 크다고 하겠다. 4·10 총선에서는 이들의 교묘한 변신을 시야에 두지 못하면서 운동권 청산론이 별다른 힘을 쓰지 못하게 되었다.

무엇보다 치밀하고 섬세한 접근이 필요해 보인다.

왜 86운동권 정치 청산을 요구하는가?

안보

86운동권 정치의 청산을 요구하는 첫 번째 이유는 안보 위협 때문이다. 이는 다시 몇 가지로 나눌 수 있다.

첫째, 이석기처럼 북한과의 전쟁에서 북한편에 서서 일련의 행동을 해야 한다는 주장이 여전히 있다. 둘째는 외교안보·통일 전략에서 북한의 남침이나 군사적 충돌의 가능성을 없다고 주장하며 결론적으로 한국의 응당한 군사적 대비 태세를 무력화시키는 경향들, 셋째, 국군 또는 정보기관의 정당한 법 집행을 가로막는 행위 등을 들 수 있다. 이러한 경향들은 대부분 국회나 정치권에 진출한 86운동권의 성향과 영향 때문이다.

여전히 북한발 남침을 의미있게 고려하는 집단이 있다. 한호석이 그렇고 이석기와 경기동부가 그러하며 이석기와 경기동부를 승계한 진보당이 그러하다. 민주노총 다수도 그러한데 이들이 정통주사파 또는 주사파의 본류이다.

80~90년대 주사파의 통일관은 남한에서 민주정부가 수립되면서 북한과 연방제 통일을 한다는 구상이었다. 이것이 이후에 논할 '군자산의 약속'과 다른 것은 민주정부를 수립하는 과정에서 남한 운동권의 역할이 주도적이라는 점, 남북 정치협상 과정에서 평화적인 방법만 고려한다는 점이다. 북한은 2000년대 초반 남한 주사파의 생각들을 바꿔 놓기 위해 개입하는데 이것이 '군자산의 약속'이다.

주사파는 대체로 최대 10개 정도의 써클로 나눌 수 있다. 10개의 써클은 경기동부, 인천, 울산, 대진연, 범민련, 민중민주당(코리아연대) 등의 메이저 그룹과 최근 간첩단 사건으로 문제가 된 창원·청주 등의 마이너 그룹으로 나눌 수 있다.

2010년대 초반 이들 그룹으로 전쟁이 일어날 수 있다는, 또는 북한이 전쟁을 일으킬 수 있다는 메시지가 전달되었다. 이로부터 파생된 사건이 경기동부·이석기 사건인데 중요한 것은 이런 메시지를 받은 것이 경기동부만이 아니라는 점이다. 한호석의 입장은 주사파 90퍼센트 이상이 함께 공유하는 노선이다. 따라서 북한 남침을 중심으로 보는 주사파는 이석기·경기동부사태로 사라진 것이 아니라 여전히 살아 있다고 보는 것이 타당하다.

요약하면 첫째, 2001년 '군자산의 약속'을 계기로 주사파 전체가 기존의 통일노선 대신 한호석의 입장으로 통일되어 있고 둘째, 북한으로부터 조금 더 내밀한 메시지가 여러 주사파 써클로 전달되었고 그중 경기동부─이석기가 검거되었으며 셋째, 창원·청주·민주노총 간첩단 사건들에서 유사한 흐름이 감지되고 있다. 끝으로 한호석은 최근 보다 호전적인 형태로 자신의 주장을 강변하고 있다.

한호석의 입장은 『자주시보(대진연이 운영하는)』에 들어가면 쉽게 볼 수 있다. 이런 사이트가 버젓이 살아 있다는 것이 황당한 상황이다 (출처_http://www.jajusibo.com/64056). 한번 확인해 보기 바란다. 아마도 이것이 가장 순도 높은 주사파의 주장이다.

24년 1월 윤미향 의원이 주최한 토론회에 토론자로 나온 김광수는 6·25와 같은 침략전쟁을 옹호하는 듯한 발언을 했다. 김광수의 발언은 '군자산의 약속'과 동일한 주장으로 1회성 해프닝이 아니라 주사파를 어떤 방향으로 이끌려는 노력의 일환이다. 한호석이 『자주시보』에 했던 작업과 동일한 것이다.

앞서 필자는 남한의 주사파는 북한 그 자체가 아니라 남한의 구미에 맞게 각색된 북한에 충성한다고 말한 바 있다. 그런데 북한의 주장 중 어떤 것들은 남한의 상황에서 도저히 받아들일 수 없는 사안들도 있다. 남침 주장이 그러하다. 2000년대 초반 이래 한호석 등이 아무리 주장을 해도 남한 주사파의 입장에서는 쉽게 받아들이기 어려운 사안이다. 그럼에도 한호석, 군자산의 약속, 김광수와 같은 주장은 남한 주사파의 주류라고 할 수 있다.

다음으로 지적할 것은 외교안보·통일전략에서 북한발 군사도발이나 안보 위협이 아주 없거나 이를 국내의 정치 문제인 것처럼 치부하는 경향이다.

사실 대표적인 인물이 이재명 대표이다. 이재명 더불어민주당 대표는 19일 최고위원 회의에서 ….

"김정은 위원장은 미사일 도발을 당장 멈춰야 한다. 적대 행위를 중단해야 한다"며 "무모한 도발을 지속할수록 국제사회에서 고립될 것이고 우리 북한 주민들의 고통이 심화될 것," "선대들, 우리 북한의 김정일, 또 김일성 주석의 노력이 폄훼되지 않도록, 훼손되지 않도록 애써야 할 것"이라고 당부했다.

윤대통령에 대해서는 "북한에 본때를 보이겠다면서 평화의 안전핀을 뽑아버리는 그런 우를 범해서는 안 된다"고 강조했다.

이재명 대표는 형식적으로는 북한의 군사적 도발을 언급·규탄하면서도 남북간 협상과 대화를 주로 강조한다. 외교안보 전략에는 국가안보를 기본으로 협상과 대결 모두에서 대응태세를 갖되 가능한 한 협상의 기조에서 문제를 해결하는 것이다. 반면 이재명 대표와 86세대는 북한이 전쟁이나 군사적 도발을 일으킬 가능성이 없거나 약하기 때문에 주로 협상과 타협을 통해 해결 가능하며 군사적 긴장을 고조시키는 행위는 남한 보수세력의 정치적 음모라고 생각한다.

강력한 판타지가 있다. 아래는 80년대 초중반 운동권에서 많이 불렸던 복음성가(교회음악)이다. 나는 이 노래가 운동권의 안보관을 잘 보여준다고 생각한다. 그들은 평화와 통일로 가는 이러저러한 안보관을 갖고 있다기보다는 북한의 위협은 없고 나아가 북한은 침략하지 않을 것이라는 청년 시절의 꿈과 믿음을 갖고 있다.

사막에 샘이 넘쳐 흐르리라

사막에 샘이 넘쳐 흐르리라
사막에 꽃이 피어 향내내리라
주님이 다스릴 그 나라가 되면은 사막이 꽃동산되리
사자들이 어린양과 뛰놀고 어린이도 같이 뒹구는
참사랑과 기쁨의 그 나라가 이제 속히 오리라

이런 정서의 원형은 유명한 김민기의 「아침이슬」이다.

긴 밤 지새우고 풀잎마다
맺힌 진주보다 더 고운 아침이슬처럼
내 마음에 설움이 알알이 맺힐 때
아침 동산에 올라 작은 미소를 배운다
태양은 묘지 위에 붉게 타오르고
한낮의 찌는 더위는 나의 시련일지라

태양이 붉게 타오르는데 우리의 청년, 대학생은 아침동산에 올라 작은 미소를 배운다. 큰 것과 작은 것을 대비시키고 작은 세계에서 행복과 평안을 얻는 것은 70년대 민주화운동에서 학생, 양심적 지식인이 갖고 있던 보편적인 정서였다.

당시 태양은 군부독재였고 군부독재가 지향했던 군사력과 거대 안보질서였다. 학생들은 여기에 맞서 작은 세상을 대안으로 제시했는데 아침동산, 작은 미소에 상응하는 군사력은 존재하지 않았다. 따라서 성립할 수 없는 구상이었다. 그들은 이루질 수 없는 꿈을 사자들과 어린양이 뛰어노는 판타지로 채우곤 했다.

여기에 반독재 투쟁 시절, 북한발 이벤트를 보수세력의 음모 정도로 치부하고 북한을 통일의 파트너로 보았던 전통과 맞물려 군사전략, 외교안보 정책이 사실상 공백상태로 남은 것이다.

이런 인식의 역사적 뿌리는 첫째, 북한을 역사의 정통으로 보는 86세대의 DNA 또는 무의식 때문이다. 그렇기 때문에 정통성 있는 집단인 북한이 무력을 동원하더라도 문제가 없다거나 작다고 본 것이다.

대표적인 것이 6·25다. 70년대 산업화 세대는 6·25를 중심으로 세상을 보았다. 부모 세대는 6·25를 침략으로 보고 미군이 우리를 구해주었다는 인식이 확고했다. 친일 문제도 반일의 입장은 명확했지만 그것을 의미있는 정치적 쟁점으로 올려 세우지는 않았다.

반면 80년대 초반 해전사(『해방전후사의 인식』)는 친일 여부를 역사의 중심으로 끌어올렸다. 그리고 친일 문제를 축으로 남한은 친일파가 세운 나라, 북한은 항일세력이 세운 나라라는 스토리를 만든다. 이 맥락에서 6·25는 부차적인 사안이거나 동족상잔의 비극처럼 전쟁의 원인보다는 전쟁의 참상을 중심으로 기술하여 북한의 책임 소재를 모호하게 처리했다.

둘째, 주로 민주화 투쟁에 뿌리를 두고 있고 군대를 다녀오지 않은 사람이 많으며 민주화 투쟁 과정에서 군대에 대한 부정적인 심리가 컸기 때문이다. 민주화운동과 군대 이야기는 앞에서 이미 다룬 바 있다. 문제는 민주화운동 세대가 군대를 인식하는 틀이다.

어느 사회나 군대는 무조건 존재하는 것으로 볼 수 있다. 군대나 경찰, 검찰이 했던 역할에서 부정적인 유산(가령 고문이나 쿠테타에 개입한 것 등)은 청산하더라도 군대 그 자체는 존재해야 하는 것이다. 그런데 민주화 세대는 군대의 부정적인 유산을 지나치게 반대해, 군대가 없어도 된다고 생각할 때가 있다.

사람들은 설마 그럴까 하고 물을 수 있지만 실제로 그런 일이 벌어지기도 했다. 2024년부터 국정원에서 대공수사권이 사라진 것이다. 사람들은 간첩이 있으니 간첩을 잡는 과정에서 불거진 불법적인 요소는 해결하면 그만이라고 생각한다. 그런데 어떤 이들, 특히 지겹게 높은 지위에 있는 사람들은 간첩이 보수세력의 공작에 의해 만들어진 환상인 데다, 시대가 시대인 만큼 북한이 간첩을 보낼 리 없다거나 그럴 필요가 없다고 생각한다. 검경수사권 조정, 검수완박, 검찰의 수사권 박탈도 같은 맥락에서 벌어진 사건이다.

같은 맥락에서 그들은 KAL 858, 천안함사태와 같은 북한발 군사적 위협에 대해 그것이 조작이거나 그다지 비중 있는 문제가 아니라는 생각을 갖고 있다. 이 영역에 대해서는 진보, 보수, 중도의 정치적 배경을 갖고 있는 사람들이 사태의 심각성에 대한 체감이 현저히 다를 것이다.

진보는 여론을 다루는 데 아주 익숙하다. 진보는 자기들끼리 하는 이야기와 다른 성향의 사람이 함께 있을 때 하는 이야기를 철저히 구분한다. 즉 자기들끼리 있을 때는 KAL 858 사건이 안기부의 조작이라고 많은 사람들이 생각하지만 다른 성향의 사람이 있을 때는 자기가 생각하는 바를 숨기거나 화제에서 지운다. 그래서 이에 대한 체감 여론은 실제와 매우 다르다.

운동권 경력이 있는 40~50대 남자를 대상으로 설문 조사를 한다면 실제 여론 분포는 ….

1. KAL 858은 안기부의 조작이다. (30%)
2. 조작까지는 안기부와 정부가 이를 심하게 조작했다. (80~90%)
3. 정부의 발표는 대체로 믿을 만하다. (20% 정도라고 본다)

그러나 이런 성향이 국가안보를 해체하기 위한 치밀한 노력의 산물이라고 보기는 어렵다. 앞서 말했듯이 운동권의 인식은 객관적인 북한이 아니라 운동권의 입장에서 가공된 북한이다. 즉 KAL 858 사건이 진보민주 진영의 정치적 입지를 좁히기 때문에 정부의 주장을 따르지 않는 것에 가깝다고 볼 수 있다. 그리고 그런 생각의 기저에는 독립운동의 적통을 이어받은 북한이 그런 행동을 할 리가 없고 친일파의 후손인 보수 진영이 이를 정치적으로 이용할 것이라는 유아틱한 청년 시절의 생각이 그대로 녹아 있다.

무의식 또는 원체험

80년대 중반 학원가는 급진 이념으로 얼룩졌다. 지금 우리는 이를 NL-PD, 주사파—막스·레닌주의 등으로 명명하여 기억하곤 한다. 이 논쟁의 핵심적인 특징은 운동권학생 누구도 영미형 개인주의, 자유주의에 입각해 민주화 투쟁을 하지 않았다는 점이다. 학생들은 저마다 러시아, 중국, 북한을 들먹이며 논쟁을 하곤 했다. 80년대 중반 서울의 관점에서 보면 곧 패망할, 또는 낙후한 체제임이 확인된 나라들을 거론하며 이른바 논쟁이라는 것을 했다

그 논쟁 전체가 쓸모없는 것이었다.

87년 6월 민주화운동이 끝나고 얼마 지나지 않아 89년 6월 천안문사태, 10월 베를린 장벽이 붕괴되고 이어 사회주의 종주국인 소련이 그야말로 문을 닫았다. 그러함에도 과거 소련식·북한식 사회주의를 두고 경합했던 학생들 그리고 이론가들 중 과거를 반성한 사람은 거의 없었다. 비율을 따지자면 한 3퍼센트 …, 그렇게 한때 혁명가였던 그리고 혁명이 틀렸다고 입증되었음에도 자신의 과거를 교묘히 숨긴 채 거대한 인텔리들이 거리로 쏟아져 나왔다.

여기에는 유시민과 조희연도 있다. 1995년 유시민은 『거꾸로 읽는 세계사』 개정판 서문에 사회주의권 붕괴에 대해 아래와 같은 글을 첨부했다.

"적어도 경제제도와 정치체제에 관한 한 냉전시대가 막을 내린 지금 시점에서 분명하게 이야기할 수 있다. 복수정당제와 자유선거를 핵심으로 하는 의회 민주주의와 시장경제를 토대로 사회주의 이상을 결합한 경제체제다."

유시민은 사회주의 붕괴가 명료해진 95년 시점에도 사회주의를 변호하느라 여념이 없었다.

조희연은 『한국사회구성체 논쟁 4』에 실린 논문, 「소련 및 동유럽사태와 우리 사회 변혁론 논쟁」에서 다음과 같이 밝혔다.

"자본주의적 모순이 존재하는 한 계급적 수탈과 적대체제로서의 자본주의에 대한 과학적 분석은 여전히 우리에게 유효하다. 더구나 자본주의적 모순의 한복판에 서 있는 제국주의적 수탈 구도의 한복판에 있는 남한사회에서는 더욱 그러하다. 이런 점에서 '자본주의의 모순을 극복하고 해방된 사회에 대한 과학적 시도를 행하였던 막스의 분석방법론과 그러한 사회를 혁명적으로 극복하면서 단적으로 달성하려 했던 레닌적 정신을 잃지 않는 것은 우리 시대의 과제이다. 사회주의라는 인류의 오랜 이상은—이 사회주의를 실현하려는 러시아적 실천 형태는 실패로 귀결되었으나—우리의 가슴속에 살아있을 것이다(작은 따옴표는 러시아의 바닌이 한겨레 신문에 기고한 글, 조희연은 바닌의 글을 인용하며 자신의 주장을 하고 있다)'라는 글은 시사하는 바가 크다고 하겠다"고 주장한다.

이외에도 사회주의와 레닌을 변호하는 조희연 교육감의 고색창연한 글이 몇 편 더 있다. 나는 어려서 조희연의 글을 즐겨 읽곤 했다. 젊어서 사회주의를 옹호할 수는 있다. 내가 궁금한 것은 지금도 그러한가이다. 그렇지 않다면 생각이 바뀌게 된 경위를 말했을 법 한데 그런 글, 그런 말을 찾아볼 수 없다. 조희연만이 아니라 한때 주사파였던, 한때 레닌주의자였던 많은 사람들이 그렇게 어물쩍 국회의원이 되고 교육감이 된 것이다.

2020년 어느 날 친구가 분당에 있는 수학학원에 찾아왔다. 학생운동을 같이 했던, 사람 좋고 견실했던 친구로 기억한다. 녀석은 내게 다음이 두 가지 메시지를 전달하려 했다. (첫째) 미완의 혁명을 완성해야 하는데, (둘째) 그러기 위해서는 이재명을 지지해야 한다는 것이다.

경우에 따라서 혁명을 할 수도 있고 개혁을 할 수도 있다고 본다. 문제는 녀석이 혁명을 해야 한다는 논리였다. 녀석은 6월 민주화운동 때 직선제를 넘어 혁명을 했어야 하고 김대중-노무현 나아가 문재인 정권이 들어섰어도 달라진 것이 없는 반면 이재명은 실천력이 있기 때문에 이재명을 앞장세워 대선에서 승리하자는 것이다. 결국 이재명 캠프로 가자는 주장이었다.

옳고 그름을 떠나 녀석은 여전히 80년대 중반을 살고 있었다. 그가 주장하는 미완의 혁명이니 어쩌고 하는 말들은 여지없이 80

년대 중반 관악 캠퍼스 어딘가에 뿌리를 두고 있었다.

2019년 즈음 이번에는 과거 CA였던 친구와 카페에 마주 앉았다. 정치토론을 바둑 두는 것만큼이나 좋아했던 우리는 레닌·트로츠키로 입담을 풀었다. 지금은 아무도 모를 러시아혁명의 단어들을 나와 녀석은 줄줄 꿰고 있었다. 왜 안 그렇겠는가? 러시아혁명은 85년~86년 우리의 교과서였고 레닌의 팜플렛 「to be done(what is to done의 준말, 지하당을 만들자는 주장으로 유명하다)」은 우리의 강령이었다.

오랜만에 즐거운 시간을 갖고 카페를 나와 밝은 햇볕을 보니 허무하기 이를 데 없었다. 왜 서울대를 나온 50대 중반의 두 남자가 저 구닥다리 옛날 이야기로 회포를 풀었을까?

이런 사람들은 지금 전국적으로 득시글거린다. 그들은 여전히 80년대 관점에서 레닌과 혁명을 들먹인다. 물론 말은 조금 달라졌다. 그들의 언어는 현실에 맞게 친일파, 검찰독재, 윤석열 정권 탄핵 등으로 달라졌지만 논리와 감수성은 조금도 달라지지 않았다.

모든 악의 근원은 여전히 또아리를 틀고 있는 친일 잔재이며 검찰·경찰은 파쇼 공안통치의 하수인이고 정권교체는 선거라는 거추장스러운 형식 대신 항쟁으로 가능하다는 식이다. 그리고 이는 80년대 중반 20대 초중반의 학생들이 겁없이 외치던 것과 사실상 동일하다. 그리고 틈만 주어지면 아마도 그들은 거리에 나와 돌과 화염병을 던지고 쇠파이프를 휘두를 것이다.

여기서 우리가 얻을 수 있는 진정한 교훈은 20대 청년은 진심어린 반성과 고민 없이는 30년이 지나도 그 모양이라는 점이다. 그리고 이것이 2020년 한국의 정치위기가 좀처럼 해결되지 못하는 이유이다.

생물학자 콘라트가 정초한 각인효과 이론이 있다. 갓 태어난 오리는 태어나자마자 처음 본 것이 각인되어 그것을 어미처럼 졸졸 따른다는 것이다. 이를 86세대에 빗대 보면 87년 6월 당시의 시대에 대해서 들어서도 일종의 각인효과처럼 이어진다고 볼 수 있다. 『45~53년 해방전후사』를 읽다 보면 해방정국에서 민심이 상당히 좌경화되어 있었다는 자료를 보곤 한다. 이를 가리켜 운동권은 '본디 민심은 사회주의인데 미군정이 총칼로 민심과 맞서는 정책을 강요한 것'으로 해석했더랬다.

45~53년 시점의 청·장년층은 1919년 3월 1일 운동과 연관이 있다. 러시아혁명의 영향을 받은 의식화된 청·중년층이 30년 정도의 터울을 두고 대거 좌경화된 형태로 출현했다고 볼 수 있는 것 같다. 즉 1919년 3월 1일~45~53년 해방정국 사이의 관계와 6월 민주화운동과 2020년대의 한국정치 상황과 유사한 측면이 있는 것이다.

청년의 감수성을 가진 대규모 중년세대의 출현, 이것이야말로 현 정세의 가장 핵심적인 특징 중 하나이다.

돌아볼수록 80년대를 가장 잘 보여주는 것은 최영미의 다음 시인 듯하다. 경건한 마음으로 일독해 보자.

서른, 잔치는 끝났다

물론 나는 알고 있다
내가 운동보다도 운동가를
술보다도 술 마시는 분위기를 더 좋아했다는 걸
그리고 외로울 땐 동지여!로 시작하는 투쟁가가 아니라
낮은 목소리로 사랑 노래를 즐겼다는 걸

그러나 대체 무슨 상관이란 말인가

잔치는 끝났다
술 떨어지고, 사람들은 하나둘 지갑을 챙기고
마침내 그도 갔지만
마지막 셈을 마치고 제각기 신발을 찾아 떠났지만
어렴풋이 나는 알고 있다
여기 홀로 누군가 마지막까지 남아
주인 대신 상을 치우고

그 모든 걸 기억해내며 뜨거운 눈물 흘리리란 걸
그가 부르다만 노래를 마저 고쳐 부르리란 걸
어쩌면 나는 알고 있다
누군가 그 대신 상을 차리고, 새벽이 오기 전에
다시 사람들을 불러모으리라
환하게 불 밝히고 무대를 다시 꾸미리라

그러나 대체 무슨 상관이란 말인가

개인적으로 볼 때 86세대의 최대 지적 성취 중 하나가 다름 아 닌 이 시라고 생각한다. 결정적으로 중요한 것은 86세대가 6월 민 주화운동 과정에서 무슨 생각을 했건 그 대부분은 틀렸기 때문에 이 사실을 담담히 인정하는 것으로부터 다음 단계로 진입할 수 있 다. 이에서 이탈한, 즉 86세대의 혁명주의를 적당히 변형한 모든 사상·이론들은 정직하지 않을 뿐만 아니라 미래를 위해 건설적이 지도 않거니와, 태어났을 때 본 사물에 각인된 오리의 시각에 지나 지 않는다는 것이다.

90년대 초반 사회주의가 멸망하면서 운동권 지식인, 학생들은 별다른 반성 없이 사회에 적응했다. 90년대는 미국 주도의 일극질 서가 공고했기 때문에 반체제 운동이 벌어질 여지가 적었다. 2000 년대가 시작되면서 전혀 다른 상황이 전개되었다.

첫째, 군사적인 차원에서 반미투쟁이 활성화되었다. 내 기억으로는 2001년 9·11 테러가 시작이다. 알카에다가 비행기를 동원하여 월드 트레이드 센터World Trade Center를 공격한 사건은 사람들 마음 깊은 곳에 숨어 있던 반미감정을 자극했다. 나는 집에서 그 광경을 보며 환호했다. 터놓고 말하지는 못해도 많은 운동권 지식인들이 그러했다. 그들은 말을 하지 않고 있을 뿐 여전히 뿌리깊은 반미주의자였던 것이다.

이로부터 군사적인 영역에서 반미운동이 시작되었다. 북한의 군사적 위협이 약화된 조건에서 주한미군을 휴전선 부근에 고착시키는 것이 불합리해 보였고 미국은 다가올 중국과의 대결에 주한미군을 보다 유연하게 사용하려 했다. 효순·미선, 제주 강정마을, 주한미군의 전략적 유연성, 용산미군 기지 이전 등이 화제였고 투쟁은 매우 격렬하게 진행되었다. 대체로 투쟁은 2010년대를 거치며 중국의 부상이 본격화되면서 약화되었다.

둘째, 경제문제이다. 기폭제가 된 것은 IMF 경제위기, FTA 등 통상 관련 내용이다. 운동권은 IMF, FTA를 계기로 이전의 제국주의가 이제는 신자유주의 세계화라는 이름 하에 재침한다고 주장했다.

돌이켜 보면 터무니없는 문제제기였다. 삼성전자와 현대자동차 등이 글로벌 대기업으로 성장했고 그와 함께 한국경제가 효율화되어 한국 대기업의 경쟁력이 극적으로 제고되었다. 한미FTA 체결 결과 미국의 식민지가 될 것이라는 주장이 무색하게 한국 공산품의 수출이 비약적으로 늘어났다. 어쩌면 그냥 오늘의 현실을 보여주는 것만으로 반박이 가능하다. 한국은 세계 굴지의 산업국가로 발전했고 한국의 문화산업은 세계 무대로 진출했으며 한국의 국제적 지위는 극적으로 상승했다.

2006~7년 나는 한미FTA반대범국민운동본부 정책팀장이었다. 주로 조직과 행동에 능한 주사파 활동가를 상대하던 나는 적지 않은 교수와 연구자들과 일을 하게 되었다. 한국에서 교수는 특별한 지위를 갖는 사람들이었다. 그들은 교수라는 지위 때문에 활동가들을 함부로 대하는 경향이 있었다. (나만 그런지 모르나) 토론회 같은 곳에 무책임한 말 몇 마디로 자기 할 일을 했다는 식이었다. 한마디로 우스운 일이었다.

그랬던 교수들이 문재인 정부 들어 대거 청와대와 장차관으로 이동하는 광경을 보면서 어이 없었던 기억이 난다. 문재인 정부의 경제 정책이 실패한 것은 그들의 비현실적인 관념성, 구조적인 비현장성과 밀접한 관련이 있다.

셋째, 코미디 같은 것은 베네수엘라 차베스 열풍이다. 차베스 열풍이 어느 수준에서 진행되었는가는 진보와 보수 진영에서 체감하는 차이가 클 듯하다. 진보 진영 지식인 다수가 차베스 열풍에 휩싸였다. 중요한 점은 차베스 열풍이 80년대 후반 사구체 논쟁에서 사회주의 열풍과 비슷했다는 점이다.

지식인들은 생각보다 많이 자기가 주장하는 어떤 신념에 현실을 끼워 맞추는 경향이 있다. 차베스 열풍이 그러했다. 그들은 80년대 사회주의 열풍 이후 아무런 반성 없이 자신의 생각을 감추고 있다가 차베스를 계기로 다시금 사회주의 열풍을 재현했다고 볼 수 있다.

다시 말하자면 2000년대 차베스 열풍을 이해하기 위해서는 사회주의가 어떻고 차베스가 어떤가를 정치·경제적으로 논해 봐야 남는 게 없다. 양자를 관통하는 것은 그들의 판타지다. 80년대 학생 시절 술집에서 혁명과 사회주의를 논하던 인텔리들이 그대로 나이를 먹었고 이제 그들은 교수, 지식인, 작가가 되어 혁명이라는 추억을 소비한 것이다.

2010년대 전후하여 새로운 정세가 열리기 시작했다. 그 중심에 중국의 부상과 미국의 대중 강경책이 자리하고 있었다. 이 국면에서 반미를 하는 것은 쉽지 않은 일이었다. 주사파 같은 강경파들 정도만 반미를 주장하고 나머지는 적당히 친중 성향을 숨기고 등거리 외교에 빠져들었다. 사회주의와 반미, 차베스에 열광했던 사람들은 퇴로를 잃었다.

미국 혁신의 충격을 잘 보여주었던 사건은 스티브 잡스 열풍이 아닐까 싶다. 2007년 스티브 잡스는 아이폰 출시를 소개하는 프리젠테이션을 한다. 중요한 것은 제품만큼이나 분위기였다. 청바지에 평상복 차림의 잡스는 시종 유머 넘치는 말투와 여유있는 태도로 신제품을 소개한다. 참가한 사람들도 농담과 가벼운 웃음을 주고받으며 자유로운 실리콘 밸리의 문화와 미국의 혁신적 기풍을 잘 보여주었다.

반미가 되려면 미국이 잘 살고 풍요롭지만 부패하고 탐욕스럽다는 말이 통해야 한다. 그들은 강하고 부유하지만 우리는 정의롭고 선하다라는 구도가 성립되어야만 반미가 가능한 것이다. 그런데 스티브 잡스는 그걸 무너뜨렸다. 그들이 부유하면서도 그들은 자유롭다는 이미지가 전해지면서 반미의 대중적 지반이 뿌리부터 무너져 버렸다.

미 대사관 앞에서 시위를 하는 청년들이 아이폰을 들고 한다거나 스타벅스가 청년 대중의 일상으로 빠르게 파고든 것도 미국에 대한 변화된 정서를 잘 보여준다.

2010년대 반미의 대중적·문화적 지반이 무너졌지만 변화된 형태로 거대한 규모의 시위가 벌어진다. 아마도 규모와 참여 인원만 보면 한국 역사상 가장 큰 규모일 것이다. 그러나 태풍의 눈, 중심부의 뇌관이 사라진 상태였다. 그럼 시위는 어떤 양상을 띠었을까?

첫째, 세월호, 반일과 같은 관념적이고 사변적인 성향을 띤다. 세월호에 무슨 대단한 의미가 있는지는 모르겠다. 사람들은 갈 길을 잃었지만 에너지가 넘쳤다. 양자 사이에 청소년들의 비극적인 죽음이 결합되면서 그다지 정치적이지 않은 문제가 정치화되었다.

세월호에는 정치, 경제, 군사와 같은 실질적이고 구체적인 문제가 들어있지 않다. 아마도 안전이 그것일 텐데 세월호에 담긴 안전 문제는 세월호 시위의 규모, 세월호에 담긴 사람들의 염원에 비하면 지극히 모호하다. 세월호에 담긴 메시지는 뭔가 큰 일이 벌어졌다는 이미지로 그것의 기원은 세월호가 벌어진 2014년에 있다기보다는 세월호에 뭔가 큰 의미를 담고자 하는 사람들의 청년시절, 혁명의 이미지에 있다고 본다.

반일도 마찬가지다. 2010년대에 일본과 관련된 특별한 정치적 사회적 문제가 있는 것 같지는 않다. 혁명 또는 뭔가 거대한 일이 일어날 것 같은 분위기를 창출하기 위해서는 일본을 동원하는 것이 가장 적절하기 때문이다. 정상적이라면 미국일 텐데 앞에서 말했던 것처럼 미국은 점차 혁명적 열정의 타깃으로의 지위를 상실했다. 북한과 중국은 30년 전 혁명의 시기에 그들의 우군이었기 때문에 공격 대상이 아니었다. 결국 남는 것은 거의 100년 전 싸웠던 일본밖에 없는 것이다. 현실에서는 일본과의 갈등이 없기 때문에 혁명에 상응하는 총칼을 동원하기 위해서는 될 수 있으면 오랜 과거 속으로 들어가야 한다.

2010년대 거대한 사회운동의 특징은 그야말로 현실과 유리된 관념적인 운동으로 그 동력은 잃어버린 혁명의 꿈이었다.

둘째, 관념과잉이다. 박근혜 대통령 탄핵, 촛불 민주주의는 익숙한 정파, 정당 사이의 정치적인 경합 정도로 보인다. 극적이긴 했어도 그것은 통상적인 민주주의 절차를 넘어서지 않는다.

박근혜 대통령 탄핵, 촛불 민주주의를 둘러싸고 과도한 수사가 남용되었다. 혁명, 개벽, 항쟁 같은 것들 말이다. 그리고 이는 통상적인 민주주의 절차가 촛불세력에 불리하게 돌아갔을 때 극적인 형태로 제언된다. 그들은 너무 쉽게 탄핵, 정치검찰 같은 극단적인 용어를 통해 상황을 2020년대가 아니라 1980년대에 대입했다.

명료한 기원이 있다. 혁명이라는 판타지 아래 진행되었던 거대한 운동, 80년대의 급진주의에서 막스·레닌주의와 주체사상과 같은 잘 정리된 정치적 언어를 빼면 양자는 매우 유사하다. 결국 촛불은 80년대 잃어버린 혁명의 그릇된 유산, 판타지라는 것이 나의 결론이다. (통상적인 수준에서 민주주의를 요구하는 시민적 참여는 빼고)

갓 태어난 오리의 각인효과처럼 80년대를 기원으로 하는 무수한 판타지가 2020년대 대한민국을 어지럽히고 왜곡하고 있다. 그것을 털어내야만 우리는 사실과 대면할 수 있을 것이다.

정치 그리고 법치주의

최근 정세에서 민주당이 쓰는 단어들을 거론해 보자. 친일매국, 친일파, 정치검찰, 검찰독재, 탄핵과 항쟁 등이다.

내가 말하고 싶은 것은 이런 단어들이 무엇에 뿌리를 두고 있는 가이다. 예를 들어 검찰의 형태를 유심히 관찰하여 상황을 종합한 후 검사독재와 같은 단어를 만들어낸 것이 아니다. 그러기에는 현실이 너무 다르다. 대통령의 장모인 최은순씨는 1년형을 받고 구속된 상태이고 이재명 당대표는 검찰이 구속영장을 청구했음에도 법원에 막혀 구속영장 발부가 기각되었다. 만약 검찰이 진짜로 독재를 한다면 최은순씨는 석방되어 있어야 하고 이재명 당대표는 감옥에 있을 것이다.

지금 상황은 명백히 검찰독재와는 거리가 멀다. 그럼에도 검찰독재와 같은 단어들이 횡행하는 것은 이들 용어들이 실제 현실에서 나온 것이 아니라 '관념'에서 유래했기 때문이다. 앞에서 이야기했던 것처럼 그들의 관념이란 80년대 혁명주의를 의미한다.

민주당 사람들만 그런 것은 아니다. 일반 국민 모두가 혁명, 항쟁과 같은 급진적인 용어에 익숙하다. 덕분에 민주당이 검찰독재와 같은 단어를 사용했을 때 그것에 거부감을 느끼기보다는 그에 대해 심리적으로 익숙한 것이다.

친일매국도 그렇다. 현재 대한민국에는 친일-반일과 같은 갈등이 거의 없다. 주의깊게 생각해 보기 바란다. 일제가 독도를 침략하거나 일본과 심각한 경제적 갈등이 있는 것이 아니다. 한미일 동맹이 강화되는 조건에 한일 사이의 갈등은 구조적으로 감소될 수밖에 없다. 그럼에도 민주당은 친일파를 들먹이고 영화에서는 1930년대를 배경으로 한 총싸움을 벌이느라 여념이 없다.

사실 친일매국은 한걸음 더 나아간다. 원래 반일의 기원은 반미였다. 80년대 중반 학생운동권은 반일운동을 해본 일이 별로 없다. 운동의 주역들은 대부분 반미에 집중하고 운동의 사이드에 있던 사람들이 반일을 외치는 양상이었다. 그런데 2010년대 이후 반미가 먹히지 않으니 운동권 출신 인사들이 반미 대신 반일에서 목적을 달성하려 한 것이다.

항쟁과 탄핵도 같은 맥락에서 생각할 수 있다. 항쟁·탄핵은 매우 심각한 단어이다. 통상적인 집회시위와는 차원이 다른 거리 충돌이 벌어지고 대통령의 직무가 정지되며 새로운 정부와 의회를 꾸려야 하는 엄청난 사건이다. 그러나 한국의 40~50대는 매우 오랜 기간 민주화 투쟁에 대한 우호적인 태도를 갖고 상당한 규모의 투쟁에 적응해왔다. 덕분에 이들은 항쟁, 탄핵이라는 단어가 갖는 엄숙함과 달리 그것을 매우 단순한 것처럼 생각한다.

요약하면 검찰독재와 같은 단어는 현실이 아니라 관념의 구성물이고 그런 단어를 만들어 낸 기원은 80년대 혁명주의이다.

그렇다면 80년대 혁명주의를 조금 더 구체적으로 살펴보자.

자본주의와 사회주의 진영이 보는 정치관의 핵심적인 차이는, 자본주의는 사회를 다원주의 사회로 보는 반면 사회주의는 집단주의, 일원적 사회로 본다는 데 있다.

사회를 다원주의 사회로 보면 다양한 정치세력이 공존할 수 있고 다양한 정치세력은 언론, 출판, 집회, 결사의 자유를 통해 자유롭게 의사를 개진하고 정치세력을 규합하여 주로 선거 승리를 통해 권력을 장악한다. 따라서 이때 정치적 상대방은 정국 운영의 경쟁자쯤으로 묘사할 수 있다.

반면 사회를 집단주의, 일원적 사회로 볼 때 이를 관통하는 하나의 집단이 있다. 식민지라면 민중이고 자본주의 사회라면 프롤레타리아가 된다. 민중 또는 프롤레타리아는 제국주의, 자본주의에 맞서 통일성을 강조하게 되고 상대방을 제압하려는 유인이 작동한다. 정치적 상대방은 친일파, '노동자와 자본가에는 타협이란 없다'와 같은 극단적인 이데올로기가 작동하고 선거는 무의미하거나 전술적인 대상에 지나지 않는다.

이상을 표로 정리하면 다음과 같다.

	자본주의	사회주의
인간	인간의 불완전성	인간의 완전성
사회에 대한 규정	다원주의	집단주의
선거	핵심	무의미
정치적 상대방	정국 운영의 파트너	제거해야 할 정적
진리관	사실이 우위	사실보다 진영이 우위

현재 민주당류의 정치관은 여기서 기인한다. 진리관에 대해 말하면 다음과 같다.

사회주의 진리관을 대표하는 것은 레닌의 당파성 이론이다. 이

때의 당은 자본주의 및 다원주의 사회에서의 당이 아니라 프롤레타리아 계급의 이익을 대표하는 유일당이다. 당파성이란 당에 옳은 것이 진리라는 것이다. 80년대 운동권에서 레닌은 신이었다. 따라서 레닌의 당파성도 운동권 전체에 파급되어 있었다. 이를 대표하는 인물이 유시민이다. 지하세계에서는 주사파의 김영환 등이 유명하지만 유시민은 80년대 후반 대중 저작물을 통해 또 다른 차원에서 인기를 얻었다. 필자도 유시민의 책을 재미있게 보았다. 유시민의 저작 중에서 『내 머리로 생각하는 역사이야기』가 있다.

유시민은 여기서 김부식과 신채호, 랑케와 EH 카Carr를 구분한다. 김부식과 랑케는 사실 위주의 역사를 대변한다면 신채호나 EH 카는 주관적인 역사, 즉 역사에서 해석을 중시한다고 주장한다. 그 자체로서 틀린 말은 아니지만 유시민의 주장은 레닌주의와 맞물려 운동권에 사실보다는 진영과 가치를 중시하는 강렬한 전통과 맞물려 있었다. 이것이 이른바 '개딸'의 체질로 이어졌다고 보는 것이 필자의 생각이다.

2019년 하반기에 조국사태가 있었다. 조국사태에서 명백했던 것은 스스로 저지른 범죄 행위에 대한 조국 자신의 태도였다. 아마도 전통적인 반응은 검찰수사·재판단계에서 범죄 혐의를 인정하고 선처를 바라는 것일 터인데, 조국은 범죄 혐의가 있음에도 화살을 검찰로 돌리고 심지어는 그러한 검찰을 검찰공화국 등으로 규정하며 비난했다는 점이 달랐다.

조국사태의 연장선에서 이재명 당대표의 문제가 있다. 2022년 3월 대신이 끝난 상황에서 두 갈래의 길이 있었다. 하나는 사법 리스크를 인정하고 사법절차가 끝난 후 그 여부에 따라 차기 대선 출마 여부를 결정하는 것이었다. 그러나 이재명 당대표는 인천 계양을에 출마하여 사법 리스크를 정치적인 문제로 변질시켰다. 법치를 파괴한 것이다.

이로부터 22년 3월 이후의 정치 일정은 이재명 사법 리스크에 따라 좌지우지되었다. 이제 그것은 사법적으로 처리될 문제가 아니라 선거 결과에 의해 좌우되는 정치적 문제로 변한 것이다.

이재명 당대표의 사법처리 문제는 향후 한국정치의 운명을 좌우하는 문제 중 하나다. 이는 여당 후보와 이재명 후보 중 누가 옳은가를 묻는 것이 아니다. 핵심은 한국에서 민주주의·법치가 작동하는가, 그렇지 않은가이다. 범죄 혐의가 있는 사람은 진영과 호불호를 떠나 이를 사실 그대로 인정하고 정치적 경쟁의 룰 이전에 사법적 처리에 맡길 수 있느냐이다.

이는 결국 범법 혐의가 있는 피의자를 정치적 국면으로 대치하여 사법처리를 지연시키는 데 복무했던 86정치인들과 그들의 사상의 문제로 귀결될 것이다. 그리고 그 사상의 뿌리는 2024년 대한민국이 아니라 상당 부분 30년 전 청년 대학생들이 가졌던 혁명주의에서 찾아야 할 것이다.

3부
운동권 평전

이학영, 국회부의장이 될 남민전 전사 또는 민투의 투사

84~5년 학생운동에 막스·레닌주의가 본격 도입되면서 전위조직에 대한 관심이 높아졌다. 그중에서도 인혁당, 통혁당, 남민전 등이 중심이었다. 나도 인혁당·통혁당 공소장을 흥미있게 봤던 기억이 선하다.

그중 가장 눈에 띈 것은 남민전이었다. 몇 가지 이유가 있었다.

첫째, 남민전 총책 이재문이 기록을 많이 남기는 바람에 남민전의 행적이 많이 알려진 점 그래서 본의 아니게 공소장이 풍부했다. 개중에는 이재문이 직접 거리에서 삐라를 살포한다거나 인혁당 재건위 희생자들의 수의를 가지고 남민전 깃발을 만들었다는 등의 신화적인 이야기도 있었다.

둘째, 유신 말기에 검거되었기 때문에 조금만 더 버텼더라면 광주사태의 판도가 달라졌을 것이라는 가설이 회자되었다. 우리는 80년 광주 때 남민전이 살아있었다면 하고 술자리 대화를 이어간 적이 있더랬다.

셋째, 남민전 사건으로 구속되었다가 석방된 사람들 중 김남주, 이재오(유명 정치인 이재오가 맞다), 홍세화 등이 남민전 신화화를 부추긴 점 등 때문이다.

어쨌든 80년대 중후반 남민전은 학생운동의 모범·선배 또는 영웅이었다. 이제 남민전 전사 한사람을 소개한다. 남민전은 조직을 중층화하여 산하에 민주국민투쟁위원회(약칭 민투)를 두었다. 정확히는 민투의 구성원이었던 이학영이다. 그리고 이 사람은 곧 대한민국 국회 부의장이 될 예정이다.

이학영이 2015년에 쓴 책, 『이학영, 세상을 사랑하였네(심미안)』에는 다음과 같은 구절이 있다. 민투로 구속된 후 얼마 지나지 않아 남민전 사건을 접하게 된 상황에서 이학영은 다음과 같이 말한다.

"정부는 그 사건을 민주투쟁국민위원회 사건이라 부르지 않고 남민전 사건이라고 발표를 하였다. 그런 이름이 왜 나왔는지는 재판 과정에서야 비로소 알 수 있었다"

반박정희 투쟁을 중심으로 했던 민투 소속원이기는 하지만 주체사상을 지도 이념으로 했던 남민전인지는 잘 몰랐다는 식이다. 그러면서 1쪽에 걸쳐 ….

"구속된 민투의 조직원 모두 대한민국의 평범한 국민들이었다. 간첩활동을 한 사람은 없었다 …. 군사정권이 장기 집권을 하지 않았다면 남북이 평화롭게 살았더라면 굳이 그런 험한 길에 들어서지 않았을 착한 아버지요, 아내요, 아들이요, 딸이었다. …"

나는 이학영 의원의 진술에서 남민전이라는 말이 등장할지 말지가 관심사였다. 대부분의 사람들이 그랬으니까 가령 이인영 의원이 남긴 책에는 전대협 의장이긴 해도 반미청년회 일원이라는 말은 완전히 빠진 것처럼 말이다. 다행히 이학영 의원의 책에는 남민전이 등장한다.

그러나 그 남민전은 민투를 조직하고 민투를 통해 박정희 반대 투쟁을 벌였던, 주체사상을 지도이념으로 하는 전위조직이 아니라 민투와는 별 상관이 없는 별도의 조직처럼 묘사된다. 이학영 의원 또한 그것을 통해 자신이 반독재 투쟁을 했지만 급진 이념에는 경도되지 않았음을 말하고 싶은 것이다.

"간첩 활동을 한 사람은 없었다"는 주장을 민투 성원으로 구속되었을 때 했더라면 그나마 이해는 간다. 근데 이 책이 나온 것

은 2015년이다. 2015년 시점에 남민전을 북한과 무관한 조직으로 몰아가는 것은 치졸(?)해 보인다

그의 책에는 학생운동과 사회운동 경력이 비교적 자세히 나와 있다. 당시 활동했던 활동가들의 이름도 소개되었다. 책에는 『사상계』, 『씨알의 소리』, 『창비』, 인물은 김남주, 김지하, 박석률 등이 빈번히 등장한다.

그런데 명색이 남민전 산하 민투 성원이었던 이학영의 독서노트와 사색에는 주체사상이라는 단어는 등장하지 않는다.

아마도 그들은 남민전의 전사, 민투의 투사들은 자신들의 생각을 숨기고 세상에 젖어드는 것이 혁명이라 생각하는 듯하다. 반면 남민전 전사를 기억하는 나는 그것이 무엇이든 세상에 대한 자기의 견해를 뚜렷이 밝히고 그 사상에 입각해 세상을 사는 것이 혁명적인 삶이라 생각한다. 인구에 회자되는 최원석 회장 강도 사건은 무시한다.

김윤덕 이야기

4월 10일 총선이 끝나고 6월 1일이면 22대 국회가 시작된다. 22대 국회를 맞아 여야의 라인업이 짜여지고 국회의장단이 선출되었다. 22대 국회에서도 민주당은 대부분 운동권으로 구성되어 있다.

먼저 국회의장 우원식, 국회부의장으로 사실상 내정된 이학영 모두 운동권이고 당내에서는 사무총장 김윤덕, 정책위의장 진성준 등이 운동권이다. 이 중 특별한 인물은 이학영과 김윤덕이다. 이들은 운동권 중에서도 매우 특별한 경력을 갖고 있기 때문이다. 여기서는 김윤덕에 집중해 논의를 이야기 보겠다.

80년대 광주사태 이후 친북 지하운동은 북한과 신세대 주사파 사이의 연계를 통해 진행된다. 90년대 초반 남한에는 적어도 5개의 대남 선이 가동되고 있었다. 각각 민혁당, 중부지역당, 구국전위, 왕재산, 일심회이다. 그중 가장 크고 대표적이었던 조직이 민혁당이다.

민주당 사무총장이 된 김윤덕은 민혁당 전북 지역 책임자로 알려져 있었다. 나는 여러 명으로부터 이 사실을 들어 알고 있었다. 반면 일반적으로는 김윤덕의 정체는 알려져 있지 않은 편이었다.

그럼 김윤덕은 자신의 과거를 어떻게 기록하고 있을까? 2019년

펴낸 『김윤덕 이야기』에는 다음과 같이 과거를 회상한다.

전북대 85학번이었던 김윤덕은 자신의 학생운동 경력에 대해 117~136쪽에 걸쳐 매우 세세히 기록하고 있다.

그에 따르면 85년 가을 2학년일 때 '총장 자동차 방화사건'에 연루되어 투쟁위원회 위원장이 되었고 구속된 후 군대에 갔다. 제대한 후 89년부터 다시 학생운동에 뛰어들었고 "비공개 조직의 대표"가 되었다. 이후 전북 지역 대학 15개 대학의 개별 운동 조직들을 통합해 "나는 지휘 체계가 통일된 전북 지역 학생운동 조직을 구축"했다고 적고 있다.

평가하면 다음과 같다.

첫째, 비공개 조직의 대표 이전의 학생운동 경력은 별것 없다. 20쪽에 걸쳐 학생운동 경력을 소개했지만 대부분 주변 상황에 대한 기록일 뿐 원천 내용 자체가 빈약하다. 대부분의 경력은 시시콜콜하고 지루한 묘사로, 비유하자면 정청래 의원의 학생운동 경험담 회고와 유사하다.

둘째, 하이라이트는 89년 제대한 후 전북 지역 15개 대학을 단일한 대오로 통합한 부분이다. 이런 수준의 업적은 비록 전북 지역이라는 작은 지역 단위에서 벌어진 일이지만 전후후무한 조직 성과이다.

학생운동은 80년대 후반 다양한 정파, 조직, 지하당이 경합했다. NL과 PD가 있었고 반미청년회, 자민통그룹, 관악자주파가 있었으며 민혁당과 중부지역당이 충돌하기도 했다. 그런데 작은 전북 지역이지만 단일한 지도 체계를 구축했다는 것은 기념비적인 성과라 할 만했다. 나도 대충 그렇게 전해들었기 때문에 김윤덕의 기록은 과도하지 않은 것 같다.

셋째, 그렇게 해서 20쪽에 걸친 학생운동 과정에 대한 묘사, 긍지가 넘치는 자평을 해놓고는 그 단일한 지도 체계를 가진 조직의 이름은 끝내 밝히지 않고 있다. 나는 그 조직을 '반미구국학생동맹'이라 불렀기 기억은 민혁낭과 관련이 있다는 접두 알고 있다. 그와 관련하여 김윤덕 의원이 민혁당 전북 지역 책임자라고도 들었다.

넷째, 김영환이 민혁당을 해산할 때 경기동부와 부산·울산은 민혁당 잔류를 선언한 반면 전북 지역은 전체적으로 김영환에 동조하는데, 전북 지역이 김영환 노선에 전체적으로 합류할 수 있었던 것은 위와 같은 선행 작업(지도 체계 통일)이 있었기 때문이다.

셋째에서 다시 논의를 이어간다면 왜 그는 마지막 순간에 조직의 이름, 그리고 자신의 정확한 지위를 밝히는 것을 주저했을까?

먼저 그는 여전히 정의와 양심에 넘치는 학생운동의 일원이라는 명예는 간직하면서 주체사상 조직의 책임자였다는 사실은 숨기고

싫었을 것이다. 연장선에서 민혁당이 거론될 경우 민주당에서 자신의 지위가 흔들린다고 봤을 것 같다. 민주당의 분위기는 설사 전향을 했다 하더라도 민혁당 성원이었음을 밝히는 것은 넓은 의미의 변절로 보는 전통이 있기 때문이다.

그는 학생운동 경력을 정리하면서 "20대 청춘을 불꽃처럼 살았던 학생운동 시절은 나의 자랑이자 자부심이다. 그리고 내 삶의 원천이 되고 있다"고 글을 맺고 있다.

그의 학생운동 경력은 평가해 줄 만하다. 그러나 그런 과거를 회상하는 그의 태도는 동의하기 어렵다. 모름지기 일기, 회고록, 자서전 그리고 역사를 기록할 때는 최소한의 진실성이 확보되어야 한다. 자신의 편의에 따라 취사선택한 기록에 우리는 일기나 '김윤덕 이야기' 같은 이름을 붙일 수는 없기 때문이다.

자신의 구미에 맞게 선택적으로 기록한 자서전을 두고 그는 말미에 "불꽃처럼 살았고," "나의 자랑이자 자부심"이며 "내 삶의 원천"라는 자평을 실어 놓고 있다. 그런 말이 성립되려면 반미구국학생동맹과 민혁당 전북 지역 책임자에 대한 자신의 사상 궤적이 어떠했는가를 밝히는 것이 온당하다. 그게 아니라면 학생운동에 대한 자서전 기록은 남기지 않는 편이 낫다.

강위원 1

『인간, 강위원』 187쪽에는 한총련 세대에 대해 다음과 같은 구절이 있다. "과거 86세대는 비교적 젊은 나이에 노무현과 손잡고 정치세력화에 성공할 수 있었다. 97세대는 이재명과 손잡고 정치세력화에 나설 것이다. 비록 86세대만큼 짧은 시간 안에 극적인 과정을 거치지 못할 수는 있어도 깊고 넓은 변화를 만들어낼 것이다."

97세대가 이재명과 손잡고 정치세력화에 나서려면 그에 상응하는 정치적·역사적 성과에 대해 논해 보는 것이 필요할 듯하다. 강위원이 97세대를 대표하는 존재인 만큼 이 글은 97세대, 한총련 세대 전체에 대한 평가이기도 하다.

전대협-한총련 세대는 4단계로 나눌 수 있다고 했다.

1) 84~85년 전학련 삼민투
2) 86~87년 전대협 1기
3) 88~92년 전대협 2기
4) 93~97년 한총련
5) 97년 이후 한총련 2기이다.

1) 전학련 삼민투 시대는 5·18 광주를 배경으로 치열한 반독재 투쟁으로 정세를 선도한 긍정적인 측면이 있다면 반미, 사회주의와 같은 급진주의에 물든 부정적인 측면이 있다.

2) 전대협 1기는 주체사상 같은 급진적인 사상을 도입했지만 반독재 민주화·직선제를 이룩한 혁혁한 성과를 올렸다.

3) 전대협 2기는 노태우 정권 시기에 민주주의를 심화시킨 긍정적인 측면이 있다면 노태우 정권을 식민지 대리정권으로 규정하고 투쟁을 과도하게 진행한 부정적인 측면이 있다.

4) 93~97년 한총련은 긍정적인 측면이 없고 97년 이후 한총련은 사실 흔적조차 미미하다.

93~97년 한총련 1기에 대해 별다른 설명을 덧붙이지 않은 것은 성과라고 할 만한 것이 없었기 때문이다.

한총련 세대의 정치세력화가 어려운 이유는 그들의 체질 때문이다. 다소 중복이더라도 다시 환기해 보자. 84~87년 학생운동의 중심은 서울대, 연고대 등 수도권이었다. 88~92년 전대협의 중심은 고대, 한양대 중상위 수도권 학생들이었다.

93~97년 한총련은 학생운동 지반이 급격히 무너진다. 88년 이후 서울대는 탈주사한다. 이들을 상징하는 조직이 서울대 21세기 진보학생연합이고 인물로 보면 강병원, 이탄희, 박주민 의원 등이다. 둘째는 부산·경남 학생운동이 엷어진다. 이는 90년 김영삼이 3당합당을 진행하여 부산·경남이 전체적으로 민주 진영에서 이탈

했기 때문이다. 결국 호남과 마이너 캠퍼스가 한총련 운동의 중심이었다.

덕분에 한총련 세대의 정치적 진출은 서울대 진보학생연합을 중심으로 이뤄지고 한총련 세대는 주류 사회에조차 제대로 진입하지 못한다. 한총련 세대가 그나마 역할을 했던 것은 주로 의원 보좌관인데 윤미향, 설훈 등과 연루된 보좌관들이 바로 이들이다. 이들이 보좌관으로 진출할 수 있었던 것은 386 정치인들이 그들의 성향에 따라 이념적인 문제가 있고 실력이 현저히 떨어짐에도 보좌관 채용에 동의했기 때문이다.

강위원은 한총련 세대 중 걸출한 리더에 속한다. 그러나 그조차도 이재명 대표와의 특별한 관계가 아니었다면 지금과 같은 지위와 역할을 하기 어려웠을 것이다.

2024년 4월 총선과 관련해 설명한다면 다음과 같다.

강위원과 정의찬 등, 97세대의 대표주자들조차 고문치사 사건 등과 연루되어 낙마했다. 이는 우연적인 문제가 아니라 한총련 세대의 체질과 관련된 근본적인 문제이다.

87년 이후 직선제가 되면서 한국은 사실상 민주화되었다. 88~92년 전대협 2기는 여전히 한국을 식민지로 보고 전민항쟁을 시도했다. 또 한번의 계기는 93년 김영삼 정권 출범이다. 김영삼 정권의 출범으로 87년 이후 한국 민주주의는 역진 불가능하며 안정적이라는 것이 확인되었다. 그러나 한총련은 김영삼 정권을 식민지 대리정권으로 보고 전민항쟁, 폭력투쟁을 일삼았다. 이석·이종권 치사 사건 등은 김영삼 정권을 식민지 대리정권으로 보는 정세 인식에서 필연적으로 배태된 사건이었다.

따라서 고문치사 사건에 연루된 사람들을 정치권에서 수용하지 않은 것은 정당한 결정이었다고 할 수 있다. 역으로 말하면 강위원, 정의찬, 나아가 97세대가 제도권에 진출하기 위해서는 그들의 정세 인식에 대한 보다 솔직하고 진솔한 자기 평가가 있어야 한다.

『인간, 강위원』에는 학생운동에 대한 총평이 간략히 실려 있다. 소개하면 "IMF 직전 정치적 위기에 몰린 정권이 정치적 목적으로 학생운동을 표적삼았다. 먹잇감이 되었다"라고 되어 있다.

강위원뿐 아니라 당시 학생운동을 했던 대다수의 평가가 그러할 것이다. 차차 소개할 신희주의 평가도 동일하다. 그가 이재명과 손잡고 97세대 정치를 세력화하겠다는 것도 결국 이런 정세 인식 때문에 나올 수 있는 발상으로 보인다.

강위원 2

강위원은 97년 구속된 후 4년 1개월 정도의 형을 살고 2001년에 출소한 후 한총련 합법화 운동을 진행한다. 4년여의 수감생활도 그렇고 출소한 후 한총련 합법화 운동을 진행한 것도 범상치 않은 일이다. 그럼 사회진출 후에는 어떻게 달라졌을까? 특히 사상적인 측면을 중심으로 살펴보자.

『인간, 강위원』에는 특이하고 대담한 주장들이 많다. 논쟁적인 부분을 소개하면 다음과 같다.

"산업화, 민주화 시대를 거쳐 21세기 대한민국은 복지, 문화, 여성 시대가 열릴 것이라 진단했다."

"대동 민주주의, 대동회는 직접 민주주의의 실험이었다."

"그가 꿈꾸는 대한민국은 수천 수만의 마을공동체로 이루어진 마을공화국이다."

"민주주의란 마이크를 독점한 소수 엘리트로부터 마이크를 회수해서 마이크 한번 쥐어보지 못한 위대한 평민들에게 돌려주는 일이다."

"기본사회론은 이재명표 사회구성체론이다."

"촛불혁명을 통해 개화한 시민정치를 일상적인 차원에서 정착시키고자 합니다. … 시민이 주인되는 정치, 억강부약·대동세상의 광주를 만들고 싶습니다. 마침내 시민공동정부를 구성해 지금까지와는 다른 광주를 만들 것입니다." 등이다.

강위원의 주장은 이재명 대표의 주장과 맥을 같이 한다. 그렇기 때문에 강위원은 이재명 대표와 정치적 여정을 같이 한 것으로 보인다.

"2017년 여민동락공동체 10주년 행사 자리에 당시 이재명 성남시장은 부인과 정책시장을 보냈다. 평소 혁신은 변방에서 이뤄진다는 소신을 품고 여민동락 활동에 깊은 관심을 보인 것이다. 2019년에는 경기도 농수산진흥원 원장에 부임했다."

2024년 4월 총선에서 더민주전국혁신회의 사무총장, 당대표 특보를 하고 총선 출마를 시도한 것도 그 연장선에 있다.

그렇다면 위 강위원의 주장은 이재명 대표의 주장과도 상당 부분 일치한다고 볼 수 있다.

강위원의 주장 중 특별히 기억할 만한 것은 "그가 꿈꾸는 대한민국은 수천 수만의 마을공동체로 이루어진 마을공화국이다"이다.

아마도 춘추전국시대 노자의 주장이 그러했을 것이다. 이는 농업생산력이 급격히 높아지고 사회적 갈등이 격화되면서 자연친화적이고 목가적인 과거를 추억하면서 생긴 이론이다. 원시시대를 이상향으로 그리는 일련의 생각들이 모두 그러하다. 지금도 운동권 또는 운동권을 뿌리로 한 사람들, 소공동체에서 문명을 불온시하고 정감이 넘치는 공동체를 희구하는 견해가 많다.

이 단순한 의견을 반박하는 것은 어렵지 않다. 나는 경기도 아파트에 산다. 나는 아침에 일어나 KTX 할인 티켓을 타고 시내로 가 일을 보고 밤 늦게 집에 돌아온다. 아파트에 산 지 몇 년이 되었지만 옆집에 정확히 누가 사는지 알지 못한다. 나는 수십 개의 카톡방에 둘러싸여 살고, 아마도 가족보다 몇 배 많은 빈도로 그들과 소통할 것이다.

한국이 마을공동체로 이뤄졌다는 주장은 아마도 농촌에 산다면 그렇게 말할 수도 있지만 도시, 특히 서울, 경기 같은 대도시라면 마을공동체라는 말 자체가 성립되지 않는다.

21세기 대한민국가 수천 개의 마을공동체로 이뤄져 있다는 주장 자체가 현실에 맞지 않는 주장이다. 주장 자체는 논란의 가치가 없는 무의미한 주장이다. 그럼에도 검토의 여지가 있는 것은 강위원과 이재명의 핵심 주장, 직접 민주주의, 기본사회론 등이 마을공화국론과 동일한 뿌리를 공유하고 있기 때문이다.

두 가지 사실을 환기하고 싶다. 전대협뿐 아니라 93~97년 한총련 운동이 다분히 친농적 성향을 갖고 있었다는 점이다. 93~97년 한총련 운동은 주로 호남 학생들이 주도했다. 강위원의 마을 공동체론도 학생운동과 한총련 운동의 성향과 관련을 맺고 있다.

학생운동 성향이 2000년대 촛불시위에 상당한 영향을 미쳤음을 기억할 필요가 있다. 그가 강조한 직접 민주주의는 80년대 민족해방운동에서의 전민항쟁을 상황에 맞게 변형하여 받아들인 것이다.

그런 면에서 강위원의 사상 작업은 한총련의 사상의 초보적인 수준으로 보인다.

『응답하라, 한총련』 신희주 1

2021년 『응답하라, 한총련』이라는 책이 출간되었다. 책은 여러 모로 정통 NL 또는 정통 주사를 표방하는 흥미있는 관점을 보여준다. 전남대 91학번 신희주가 썼고 안영민, 김장호, 한홍구 등이 글을 보탰다. 사람들은 잘 모르겠지만 안영민, 김장호 등은 주사파 386을 대표할 만한 사람들이다.

한총련 학생들의 생각과 입장에 대한 글은 좀처럼 찾을 수 없는데 신희주는 그런 세태를 비판하며 한총련 세대의 생각을 가감없이 보여준다. 그런 면에서 일독의 가치가 있는 책이다.

책은 우선 전대협의 애매한 세계관을 비판하며 한총련 또는 정통 주사파의 입장을 가감없이 소개한다.

"'87년까지의 민주화운동이 핵심이고 93년 민주화가 완성되었다'고 생각하는 사람들에게 90년대 운동은 민주화 이후 '밥그릇 싸움'이나 '수상한 사상에 물든 철없는 학생들의 일탈'이다. 이들에게 90년대 한총련 운동은 기록으로 남길 의미가 없을 것이다."

하지만 당시 한총련과 민족민주운동 진영은 단순한 절차적 민주주의 완성이 아니라 자주·민주·통일을 지향했다. 그리고 91년 소련 붕괴 이후 냉전지대 한반도에서 마지막 남은 핵심과제는 평화 정착과 통일이었다"라 쓰고 있다.

흥미있는 주장이다. 그리고 솔직한 견해이다. 이에 대해서는 말을 좀더 이어가 보자.

위 인용문과 관련해 세 가지 입장이 있다. 하나는 "87년까지의 ~ 없을 것이다"처럼 87년 민주화운동을 본다면 93년 한총련 이후의 학생운동은 무의미한 것이 된다. 필자도 지금은 그런 입장에 가깝다. 반면 신희주는 그것이 절차적 민주화였을 뿐 내용적 민주화는 남아 있고 민주화만으로는 문제가 해결되지 않으므로 자주통일이 완성되어야 한다고 주장한다.

절차적 민주주의, 내용적 민주주의와 같이 민주주의를 두 단계로 구분하여 87년 6월 민주화운동에서 절차적, 1차적, 형식적 민주화가 되었고, 87년 6월 민주화운동을 심화시키는 새로운 운동이 필요하다고 주장하는 사람들이 있다. 대표적인 사람이 문재인 대통령이다. 문재인의 대통령 연설문에는 절차적·형식적 민주주의라는 문구가 그대로 등장한다.

민주화를 두 단계로 나누는 전통의 대표 주자는 막스이다. 막스는 선거를 골자로 한 민주주의를 부르주아 민주주의로 보고 그것을 형식적, 기만적 민주주의라 주장한다. 이어 프롤레타리아 계급이 주도하는 사유재산 철폐가 있어야 비로소 민주주의가 완성된다고 강조했다. 막스의 민주주의는 사실상 혁명론이다. 민주주의를 뛰어넘는 이단적 주장인 것이다.

신희주의 본심은 그것을 넘어, 자주통일이 달성되어야 민주주의가 완성된다고 주장한다. 전대협-한총련의 핵심적인 특징은 민주를 자주통일의 하위에 두고 자주통일이 이루어져야 민주주의가 된다고 보는 것이다. 신희주의 항변은 87년 6월 절차적 민주주의가 이뤄지고 자주통일이 완성되어야 비로소 최종 승리가 이뤄지는데 전대협-386세대가 비겁하게 어느 시점에서 타협하고 있다는 보는 것이다.

민주주의의 요체는 선거다. 선거는 전근대시대 왕위의 장자승계를 걷어내고 민주사회의 기틀을 만들었다. 따라서 민주주의란 선거를 견고한 뿌리로 하고 거기에서 조심스럽게 뻗어가야 한다.

첫째, 민주주의를 절차적 민주주의, 즉 선거와 내용적 민주주의, 가령 사회·경제적 민주화 등으로 구분하는 것은 후자에서 혁명, 변혁, 급진의 가능성을 열어 두는 것이다. 문재인 정부를 비롯하여 한국의 민주세력은 대부분 이런 성향을 보인다. 촛불이 대표적이다. 촛불에서 선거를 부정하는 탄핵론이 함부로 나올 수 있는 이유는 그들이 선거를 골자로 한 민주주의에 대한 애정이 엷기 때문이다.

둘째, 민주주의를 심화하되 민주주의를 다른 문제, 자주통일로 연결시키는 주장이 있다. 사실상 전대협-한총련의 본질이 이것이었다. 나 또한 그러했다. 자주·통일은 혁명을 순화해서 쓴 것이다. 따라서 이것은 우리가 알고 있는 민주주의라기보다는 혁명주의에 가깝다. 그들이 거리에서 자신을 민주주의 또는 민주주의라고 주장하는 것은 민주주의와 혁명주의를 뒤범벅으로 버무려 그들의 주장을 은폐하기 위함이다.

셋째, 나는 토론 속에서 선거를 골자로 한 민주주의를 수호하되 사회·경제적 민주화, 적당한 수준의 대중 거리투쟁과 같은 민주주의의 역동성을 통해 이를 보완하는 것까지는 인정하되 여기에 반미, 민중를 갖다붙이는 것은 사실상 혁명주의와 가깝다고 본다. 요근래 유행 중인 직접 민주주의도 다분히 혁명·포퓰리즘에 가깝다.

5·18이 있고 87년 6월 민주화운동이 있었다. 전대협-한총련, 현재 중년 세대의 심장을 사로잡은 두 번의 위대한 항쟁의 본질은 민주헌정을 수호하고자 하는 민주주의 투쟁이었다.

우리가 한때 그것을 반미와 민중항쟁, 자주와 통일과 결합시켜 5·18, 6월 민주화운동을 호도 또는 그것의 절차적 민주주의의 한계를 뛰어넘으려 했지만 그것은 5·18과 6월 민주화운동의 기본 정신을 넘어서는 것이다.

우리는 민주헌정을 지키는 길에 있어야 하며 그것의 한계를 운운하며 혁명, 직접 민주주의와 내용적 민주주의, 자주통일로 연결시켜 결과적으로 민주헌정질서 자체를 흔들려는 이단적 주장에는 단호히 선을 그어야 한다.

『응답하라, 한총련』 신희주 2

신희주의 글은 시종일관 패기있고 도전적이다. 나는 재밌게 보았다. 그러나 저자는 고문치사 사건에서 결정적으로 실족한다.

395쪽 이석·이종권 치사 사건은 불행한 사고 부분에서 그는 이렇게 말한다.

"류재을을 망월동에 묻고, 한총련은 서울로 모였다. 한총련은 경찰력이 개입하지 않는다면 모든 행사를 평화적으로 진행하겠다고 밝혔으나 김영삼 정권은 전국 각지 청년들이 서울로 모이는 것 자체 폭력으로 막았다. 한총련 청춘들은 최루탄과 백골단 앞에서도 물러서지 않았다. 그리고 정권과 한총련 사이의 끊임없는 격돌은 폭력의 악순환 속에 이석·이종권 치사 사건이라는 불행한 사고로 이어졌다."

"강위원 한총련 의장은 이석 치사 사건 후 수차례에 걸쳐 4천만 국민과 유가족에게 진심으로 사죄하며 도의적 책임을 다하고 이석 치사 사건의 최종 책임자로 감옥에서 형사상 책임을 다했다. 강위원 의장은 폭행에 직접 가담하지는 않았지만 재판정에서 아무런 평계를 대지 않고 모든 책임을 졌다. 정의찬 남총련 의장도 이종권씨를 폭행하는 데 직접 가담하지는 않았지만 모든 비난과 책임을 묵묵히 감내했다."

이석·이종권 치사 사건은 97년 상반기 김영삼 정권의 탄압을 배경으로 한 불행한 사고였다는 것이다.

사실부터 확인하자.

1) 정의찬이 직접 가담하지 않았다고? 참고로 나는 97년 당시 범민련 남측본부 사무처장이었고 감옥에서 고문치사 사건에 연루된 남총련 학생들과 같이 있었다. 이건 좀더 확인해 봐야겠다. 나는 운동권 학생들이 하는 말을 잘 믿지 않기 때문이다.

2) 97년 당시 나는 수배 중이었고 한총련 출범식 직후 안기부에 연행되었다. 덕분에 한양대에서 무슨 일이 있었는가를 잘 알지 못했다. 그로부터 무려 20년이 지나 우연한 곳에서 이종권·이석 치사 사건에 대해 듣곤 했다. D신문사 기자 A가 있었다. A는 초임 시절 이 사건을 취재했다고 한다. 그는 폭행·고문의 강도에 대해 지나가듯 말하곤 했다.

"어떻게 사람을 저 지경이 되도록 때릴 수 있지?"

나는 여러 명의 기자에게서 비슷한 이야기를 들었다. 폭행의 수준은 "불행한 사고" 어쩌고 하는 것과는 차원을 달리 하는 수준이었다.

신희주 같은 운동권들이 불행한 사고 어쩌고 하며 쟁점을 흐린다면 당시 상황을 취재했던 기자들의 증언을 조작할 수도 있다. 학생들은 자신들이 대단하다고 생각하고 기자나 경찰들이 자신들에게 무조건 적대적이라 생각하는 경향이 있지만 나를 포함해 우리 모두는 학생들에게 너그러웠다. 이 사건이 그나마 그 정도로 끝날 수 있었던 것은 우리 사회가 갖고 있는, 학생들에 대한 너그러움 때문이다. 만약 그 너그러움을 악용하려든다면 우리는 다른 결심을 할 수 있음을 기억하기 바란다.

내가 굳이 이런 이야기를 하는 이유는 한총련 세대 어쩌고 하며 그 신두 주지인 강위인과 정의찬이 이계명을 배경으로 정치권에 진출하려는 시도를 보였기 때문이다.

첫째, 한총련 세대 어쩌고 하는 주장은 내 관심이 아니다. 내 생각을 그대로 말하자면 한총련 세대란 존재하지 않는다.

둘째, 강위원은 일단 보류한다. 97년 당시 나는 강위원이 어떤 입장을 취했는지 알고 있다. 따라서 강위원을 고문치사와 연루하여 문제삼는 것은 억울할 수 있겠다.

셋째, 정의찬은 변명의 여지가 한치도 없다. 물론 이는 정의찬이 폭행치사에 직접 연루되어 있음을 전제한다. 사실 그렇지 않다고 하다라도 이종권 치사 사건은 이석 치사 사건에 비해 정도가 더 심했다.

넷째, 신희주에게 말한다. 운동권은 강한 자에게 강하고 약한 자에게 너그러워야 한다. 호기롭게 글을 쓰다가 이석·이종권 치사 사건에서 그렇게 꼬리를 내린다면 아예 책을 쓰지 않는 것이 옳았다. 이른바 한총련 세대의 부활은 사실을 정직하게 대면한 뒤에 거론하는 것이 좋겠다.

『응답하라, 한총련』 신희주 3

위 책에는 김영환과 민혁당에 대한 평가가 실려 있다.

먼저 자주총학 그리고 한총련 노선에 대해 사람사랑 노선은 친미자강-북한붕괴-합법정당 노선을 가진 개량주의라고 규정한다. 그리고 이를 추진한 집단이 김영환 일당인데 전북총련과 경인총련이 한총련에서 이탈하면서 사람사랑 노선은 소멸되었다고 주장한다.

김영환에 대해서는 "김영환 일당은 그저 '관심종자'일 뿐이다. 그들은 자신을 중심으로 세상이 돌아간다는 착각에 빠진 관심종자이며 거창하게 그들의 사상이나 주장을 분석할 필요도 없다"고 단언하고 있다.

주사파 선배로서 어이가 없다. 노선과 정책을 떠나 사실 관계가 너무 많이 틀렸기 때문이다.

4·19 시대 학생들은 주로 자유를 강조했다. 자주 어쩌고 하는 단어는 주사파가 세력을 잡은 후에 생긴 것이다. 자주총학, 자주적 학생회 어쩌고 하는 말은 대부분 주사파와 관련이 있다.

90년대 중반 민혁당 총책인 김영환이 사실상 사상을 전향하면서 그의 영향이 강하게 미치고 있던 전북총련은 한총련에서 빠르게 이탈한다. 이들이 이탈하는 과정에서 일시적으로 94~96년 정도 한총련 운영에 개입한다. 96년 한총련 집행위원장을 지낸 허현준이 대표적인 인물이다.

김영환의 이탈에도 민혁당 긴장들이 기속적으로 활동하는데 이것이 사람사랑학생회의 2그룹 경기동부 산하 학생조직이다. 경기동부는 이른바 주사파라 자임했던 남총련-한총련보다 더 북한에 가까웠다. 95~97년 한총련을 좌지우지했던 것이 남총련인데 이들은 정통 주사파라고 자임하면서 실제로는 주사파 노선과 거리가 멀었다.

신희주는 친미자강-북한붕괴-합법정당으로 양자를 비교했는데 어이없는 주장이다. 경기동부는 강인한 생명력으로 북한이 붕괴하지 않으며 반미노선을 견지해야 한다고 주장했던 주사파의 일그룹이다. 솔직히 말하면 남총련이 비교할 수 있는 대상이 아니다. 그들이 대중운동에서 유연한 모습을 보이는 것은 개량적이기 때문이 아니라 보다 혁명과 북한에 가깝기 때문이다.

끝으로 합법 정당 노선인데 90년대 내내 북한의 기본 노선은 정당을 중시했다. 그런데 남총련과 같이 대중운동에서 성장한 조직들이 북한의 말을 이해하지 못하고 합법정당 운운하며 폄하했던 것이다. 아무리 해도 말을 안 들으니 2001년 가을 '군자산의 약속'을 통해 사실상 지령에 가까운 지시를 내리고서야 가닥을 잡았다.

역으로 남총련에 대해 말하자면 90년대 중반 학생운동을 주요 지지기반으로 하는 민혁당이 균열을 보이면서 민혁당이 지역에 뿌리를 둔 전국연합 3파로 대체되는 과도기에 대중운동을 중심으로 성장한 자생 주사파이다. 사실 나도 이에 속한다. 자생 주사파이니 세상을 보는 시야가 제멋대로이다.

만약 이 글이 90년대 후반쯤 쓰였다면 나름 좋았을 것 같다. 2021년에 거의 다 밝혀진 이야기를 주술관계도 맞지 않는 주장을 하고 있는 셈이다. 내가 굳이 이런 평가를 하는 이유는 90년대 중반 주사파 운동을 했던 90년대 학번 거의 대부분이 이런 시각을 견지하고 있었기 때문이다.

김영환에 대한 평가도 가관이다.

첫째, 김영환이 그저 관심종자일 뿐이란다. 김영환에 대한 악감정을 가질 수 있다. 그럼에도 인간에 대한 평가는 객관적이어야 한다. 김영환이 없다면 한국의 주사파 운동을 기술하기 어려울 정도로 그의 비중은 절대적이었다. 신희주는 감정에 북받쳐 우물 안에서 하늘을 쳐다보며 "하늘이 쟁반만 하구나"하고 있는 셈이다.

둘째, 김영환 '일당'이라는 표현이다. 아마 나도 이에 해당할지 모르겠다. 이른바 변절 이야기도 유사하다. 나는 2000년대 초반 생각이 바뀌었지만 굳이 이런 글을 쓸 이유는 없었다. 내가 굳이 이런 글을 써가면서 누군가를 응징하려는 이유는 그들이 조국, 윤미향, 한명숙을 옹호하면서 김영환이나 나 같은 사람을 함부로 변절로 규정하기 때문이다.

조국, 윤미향, 진애친, 한명숙은 아무런 문제가 없는데 김영환, 민경우는 변절자라면 나는 그런 생각, 그리고 그런 생각을 갖게 한 정치세력과 맞서 싸울 것이다.

신영복 원훈석

문재인 대통령은 신영복 통혁당 장기수에 대한 각별한 애정을 보인 것으로 유명하다. 문재인 대통령은 단순히 존경의 마음을 넘어 그런 생각을 적극 실행에 옮긴다.

돌이켜 보면 문재인 대통령이 신영복을 존경했다면 말년에 그가 근무했던 성공회대학교의 작은 오솔길에 조그만 비석 하나 남겨두었다면 좋았을 것 같다. 이것도 문제이긴 하다. 어쩌다 대한민국의 대통령이 통혁당 장기수 신영복을 존경한다는 말을 백주대낮에 할 수 있는가에 대해 자문해 볼 수 있다. 그러나 일단은 넘어가자. 대통령은 기어이 성공회대학교 작은 돌담길이 아니라 신영복과 같은 간첩을 잡으라고 만들어진 조직의 마당 한가운데 그의 글씨체로 된 큼직한 원훈석을 설치했다.

나는 도무지 인간 문재인을 이해할 수 없었고 어떻게든 바로잡아야 한다고 마음을 먹었다.

국정원과 경복궁 근처에 있던 대통령 인수위에서 몇 번의 1인 시위가 진행되었고 대통령이 취임하고 국정원장이 새로 임명되면서 원훈석 문제는 전광석화처럼 간단히 해결되었다. 이때 필자는 권력이 얼마나 큰 역할을 할 수 있는가를 절감했다.

여기서 두 가지 특징을 꼽을 수 있다. 하나는 마치 내가 주요한 역할을 했던 것처럼 뉴스에 보도된 점이고, 다른 하나는 철거된 당일 보도된 뉴스의 평가였다.

실은 전현직 국정원 직원들이 가장 주요한 역할을 했다. 전직 국정원 직원들은 국정원 앞 시위와 기자회견으로 힘을 모았고 현직 국정원 직원들도 무언의 지지를 통해 힘을 보탰다고 들었다.

그럼에도 약소한 역할을 했던 내가 부각된 데는 내가 언론이 취재하기 좋게 모양을 갖췄기 때문이다. 나는 이를 '숟가락 얹기' 싸움이라 명명했다. 어느 시점이 되자 원훈석은 철거될 수밖에 없었고 나는 당연히 이길 싸움에 생색을 낸 것이다.

어떻게 생각할지 모르지만 이것이 주사파 투쟁 전략의 핵심인 '이기는 싸움을 하자'이다.

원훈석이 철거된 날 저녁 뉴스를 우연히 보게 되었다. SBS의 주영* 앵커가 진행을 하고 진중*과 김상* 평론가가 논평을 했다. 그들이 무슨 말을 했을지 상상해 보기 바란다. 그들은 민주주의 국가에서 사상을 이유로 원훈석을 철거해서는 안 된다고 시동을 걸고는 적당히 말을 흐렸다. 앵커도 그랬다.

나는 사상과 양심의 자유를 존중한다. 만약 신영복의 원훈석이 앞서 말한 성공회대 돌담길에 있었다면 나도 그렇게 했을 것이다. 이미 사망한 사람이 자기가 근무하던 대학에 작은 추모비를 두겠다는 것을 두고 시비를 걸 마음은 없다. 물론 신영복은 그런 정도의 인물이 아니기는 하다. 그러나 이건 성공회대 돌담길이 아니라 국정원 마당 한가운데 있는 원훈석이었다. 그리고 이를 추진했던 문재인 대통령은 이해하기 어려운 정치적 목적을 가지고 그렇게 한 것이다.

주영*이 되었든 진중*이 되었든 김상*이 되었든 자유주의, 사상·

양심의 자유라는 이름으로는 변호하기 어려운 수준이었다. 그렇다면 사상과 양심의 자유를 논하면서도 국가안보의 중요성을 고려하는 균형잡힌 논평으로 상황을 정리할 법 한데 그들은 말을 흐리는 것으로 상황을 마무리했다. 한국의 사상지형이 너무 왼쪽으로 치우쳐 있었던 것이다.

나름 교훈을 논하면 다음과 같다.

하나는 되치기다. 유도나 씨름의 관점에서 보면 가장 유효한 전술이 되치기다. 적의 무리한 공격을 거꾸로 역습하는 기술인데 적은 힘으로도 상대방을 효과적으로 제압할 수 있는 유력한 전법이다.

신영복 원훈석 투쟁이 성공할 수 있었던 것은 기본적으로 문제인 대통령의 무리수 때문이었다. 이데올로기 영역에서 좌파 우위의 상황이 오래 지속되었기 때문에 무리수들을 찾아내 이를 바로잡는 투쟁을 전개하는 것이 아주 유효하다.

둘째, 이길 수 있는 싸움을 해야 한다. 투쟁에서 가장 중요한 것은 기본적으로 중요한 싸움을 하는 것이 아니라 이길 수 있는 싸움을 하는 것이다. 이것이 내가 주사파가 된 계기이다.

나는 비분강개하여 세상 모두를 바꿀 것처럼 생각하는 사람들을 믿지 않는 편이다. 솔직히 말하면 그런 싸움은 수도 없이 했더랬다. 많은 싸움을 거치면서 세상을 근원적으로 바꾸려는 자세보다는 현재 주어진 구체적인 현실에서 하나씩 이기는 것이 세상을 근본적으로 바꿀 수 있는 첩경이라고 생각한다.

운동권들은 신영복에 대해 열광하지만 나는 별 느낌이 없다. 90년대 중후반 나는 범민련 남측본부 사무처장이었고 범민련에는 기본계급 출신의 비전향장기수들이 여럿 있었다. 당시 관점에서 보면 인텔리인 데다 전향한 신영복에서 특별한 감정을 가질 이유는 없었다.

2000년대가 되면서 주변에서 역으로 그가 쓴 각종 서적들에 대해 알게 되었다. 춘추전국시대의 사상을 다룬 강의, 전 세계를 일주하며 쓴 기행문 등이 그것이다.

솔직히 말하면 나는 별다른 감흥을 느끼지 못했다. 굳이 신영복이 아니더라도 그런 수준의 시대에 대한 통찰·안목은 여러 곳에서 찾을 수 있었다. 내가 흥미롭게 생각한 대상은 그런 수준의 사색을 대단한 것인 거처럼 생각하는 운동권, 또는 운동권 기반의 지식인들이었다.

문재인 대통령은 그를 존경한다 하고, 안희정, 김경수 등은 그를 선생이라 부르며 각별한 존경을 보내고 또 어디서는 그를 시대의 스승이라 칭한다. 내가 과문한지는 모르지만 동의하기 어려웠다. 그럼 이번에는 무의식의 관점에서 양자 사이의 관계를 설명해 보겠다.

상황을 종합하면 신영복의 전향은 형식적이었던 것 같다. 88년 출소했을 때 그는 현실에 맞게 혁명운동에 투신할 방법을 모색했다고 본다. 추정컨대, 그는 인문학과 서체를 통해 인텔리들과 사업하기로 마음먹었다.

신영복의 이런 태도는 인문학을 통해 혁명을 하고자 했던 80년대에 대한 추억을 갖고 있던 인텔리들과 잘 맞았다. 그들은 신영복의 서체와 인문학, 인간론에서 80년대 급진주의의 향수를 발견했고 통혁당 장기수라는 신영복의 신분은 혁명을 재론하기에 적합했다. 양자가 맞아 떨어지면서 20년을 감옥에서 보낸 최고위급 장기수가 한국사회에서 사회적 존경을 받는 기현상이 벌어진 것이다.

컨텐츠는 대부분 인간론이다. '사람만이 희망이다,' '이윤보다 사람을,' '사람이 있었네,' '처음처럼' 같은 알쏭달쏭한 표어가 컨텐츠의 거의 대부분을 차지한다. 사라져 버린 혁명에 대한 추억이 양자를 연결했다. 시장논리보다는 우애와 헌신 같은 인간관이 기본이라는 발상, 중국과 베트남, 북한을 연결하는 리영희의 인간관, 사람이 모든 것을 결정한다는 주체사상의 인간론 그리고 이재명 대표의 대동사회·억강부약까지, 하나로 통하는 무언가가 있었다.

신영복이 2000년대 때아닌 사상가로 추앙받게 된 계기는 인문학과 서체를 통해 혁명을 하고 싶었던 신영복과, 역시 혁명없이 80년대를 추억하고 싶었던 86세대 지식인들이 20년의 세월을 두고 만난 것이다. 결국 혁명이라는 구체적인 실체는 사라지고 사람, 사람, 사람~하는 공허한 레토릭만 남았다.

김순호 경찰국장

윤석열 정부는 출범 후 문재인 정부 때까지 청와대에서 경찰을 관장해 오던 민정수석실을 설치하지 않기로 했다. 대신 경찰에 관한 법적 권한을 행안부장관에게 부여하고 이를 실질화하기 위해 행정안전부 산하에 경찰국을 신설, 초대 경찰국장에 김순호 치안감을 임명했다.

이를 두고 진보민주 진영은 윤석열 정부가 또 다른 경로로 경찰을 장악하려는 시도라며 이에 강력히 저항하기 시작했다. 이 과정에서 진보민주 진영은 김순호 경찰국장을 밀정으로 몰아갔다.

88~90년 인천·부천 지역을 중심으로 활동했던 인천부천민주노동자회라는 노동운동 조직이 있었다. 조직에는 서울대, 연대, 성대, 동대 등 학생운동권 출신들이 대거 관여하고 있었다. 이들은 주체사상과 대남혁명이론을 학습하고 몸으로 받아들인 이른바 노동운동권의 주사파였다.

여기에 김순호 국장을 비롯 성대 81학번 박경* 등이 연루되어 있었다. 김순호 국장의 증언에 따르면 그는 인부노회에 관여했다가 주사파에 회의와 염증을 느껴 이들을 벗어나게 되었고 전향하여 경찰의 길을 걷게 되었다고 한다.

반면 김순호 국장을 밀정으로 몰아붙인 사람들은 김순호 국장이 동료의 이름을 자백하는 대가로 경찰에 특채되어 출세의 길을 걸었기 때문에 경찰국장의 직책을 수행하는 것이 부적합하다고 주장했다.

그들의 주장은 왜곡되고 과장된 측면이 있다. 그들은 인부노회가 순수한 노동운동 단체였기 때문에 이 조직을 이탈한 것은 일종의 배신이며 경찰에 투신한 것은 해서는 안 될 변절의 일종이라고 보았다. 이들의 주장에는 사실을 왜곡한 측면이 있다. 여기에는 이른바 운동권의 부도덕한 은폐 전술이 녹아들어 있다.

김국장이 조직을 이탈한 것이 배신이고 변절의 일종이 되려면 인부노회가 순수한 노동운동 단체여야 한다. 그러나 인부노회는 주사파 학생운동권 출신자들이 주도해서 만든 혁명운동 단체이지, 노동자들의 생활여건과 권익향상을 목적으로하는 순수한 노동운동 단체가 아니었다. 재심 판결에서도 그들의 이적단체성을 부인했을 뿐 이적활동성은 인정하고 있다.

그들은 자신들이 실행해 온 운동을 순수한 노동운동이자, 민주화운동으로 치장하며 실체를 숨겼다. 이는 현재까지도 운동권 출신들이 구사하고 있는 생존전략 중 하나다. 아울러 사실을 지나치게 과장한 측면도 있다. 이른바 '운동권 논리'가 강하게 작동한 것이다.

나는 그들의 주장을 액면 그대로 믿더라도 학생운동에 이어 노동운동을 하다가 경찰에 연루된 사람들이 동료들의 이름을 불 수도 있다고 보았다. 정직하게 말하자면 운동권 중 연행 후 동료들의 이름을 불지 않은 사례는 찾아보기 어렵다. 70년대 운동권 선배들은 경찰에 끌려가면 동료의 이름을 불 수밖에 없으니 아예 알려고 하지 말라고 가르치기도 했다. 오죽했으면 그랬을까. 따라서 운동권에서 동료들의 이름을 부는 것은 당시에는 일반적으로 있었던 상황이다. 악의적인 경우를 제외하고는 대부분 그냥 가거이 인로 넘어가는 것이 옳았다.

경찰에 투신한 것도 마찬가지였다. 아마도 이 지점이 운동권 논리가 가장 첨예하게 부딪치는 지점이라고 생각한다. 경찰은 사회 공공선을 위해 기본적으로 필요한 조직이고 독재정권 시절에 있었던 불미스러운 일은 개선하면 될 일이었다.

하지만 그들은 엄연히 자유 대한민국의 안위와 국민의 안전을 지키는 경찰을 일제시대 순사처럼 보고 있었다. 지금은 일제시대가 아니다. 그들은 김순호 국장을 마치 일제시대 순사처럼 밀정으로 몰아세웠다. 이는 운동권이 자신들은 절대선이고, 다른 선택의 길을 가는 사람들은 악으로 낙인찍어 공격하는 운동권의 전형적인 선악 프레임이다.

김순호 전 경찰국장의 면모에 대한 여러 정황이 밝혀지면서 나는 입장을 정리하기 시작했다. 김순호 국장은 성대 81학번으로 80년대 후반 인부노회라는 노동운동 조직에 관여했지만 인부노회에 주사파 흐름이 강해지면서 이에 문제의식을 느껴 경찰에 투신했고 경찰의 길을 걸었다고 보았다.

인부노회는 내게는 매우 익숙한 존재였다. 86년 주사파가 도입되면서 학생운동 출신 노동운동가들 사이에서도 주체사상이 확산되고 있었다. 87~88년경에는 정치노선에 따라 학생 출신 노동운동 조직들이 분화되기 시작했는데 이 과정에서 주사파 혁명 조직인 인부노회가 만들어졌다.

나는 87년 당시부터 인부노회에 대해 잘 알고 있었다. 그들은 나보다 3~4년 선배들이었고 나는 그들을 주사파 운동의 선배로 보고 주의깊게 관찰하고 있었다. 한때는 그들이 쓴 정치문서들을 밑줄을 그어가며 읽기도 했다. 그들이 주사파 조직이라는 점은 87년 당시부터 명확한 사실이었다.

김순호 국장 문제가 불거지면서 나는 이에 개입하기로 마음먹었다. 일차적으로 이 사건을 중심에서 보도하고 있던 YTN 기자에게 메일을 보냈다. 인부노회는 주사파 조직이므로 애초에 밀정이라는 개념 자체가 성립하지 않는다는 내용이었다. 해당 기자는 TV 뉴스에서 밀정 운운하며 목소리를 내면서도 내 메일에는 일언반구의 답변이 없었다. 기자란 원래 그런 사람들인가 싶었다.

결정적이었던 것은 김순호 국장을 밀정으로 몰아간 사람들의 신원이었다. 김순호 국장 논란이 확산되면서 아래와 유사한 기사가 실렸다.

김 치안감과 인노회 활동을 같이했던 박경*(59)씨는 "김순호는 1989년 4월 갑자기 사라졌는데, 그때부터 인노회에서 활동하던 사람들이 잡혀가기 시작했다. 시간이 한참 지나고 나서야 그가 경찰 특채였다는 사실을 알았다"고 했다.

여기에 중요한 정보가 있다. 위 사실을 제보한 박경*은 김순호 국장의 성대 81학번 동기이고 일심회 간첩단 사건에 연루되어 3년 6월의 실형을 받은 사람이라는 것이다. 여러 정황을 고려하면 박경*은 언론 제보자였을 뿐 아니라 동조 언론 및 정치권과 접촉하며 판을 키우는 데 지대한 역할을 했다.

간첩 연루자가 현직 경찰국장을 공격하고 이를 민주당과 언론이 지지하는 형국이었다. 세상은 정말 산으로 가고 있었다. 때마침 국회가 열리자, 국회 국정감사에 참석해 달라는 요청이 왔다. 나는 그러기로 결심했다.

나는 인부노회에 대한 법원 판결에 기초해서 인부노회가 이적단체는 아니지만 주사파 조직임이 명백하다고 증언했다. 이것도 코미디 같은 이야기였다. 인부노회는 내가 몸담고 있던 범민련 남측본부에 비해 2배는 진한 강령과 노선을 갖고 있었다. 인부노회가 이적단체가 아니라는 판결은 사실상 국가보안법을 무력화시키는 위험한 판결이었다.

인부노회의 문건에는 주사파의 독특한 사회분석이론인 식민지반자본주의론을 그대로 소개해 놓고 있었다. 판결문에 있는 내용이다. 식민지반자본주의론은 88년 한민전 방송에서 소개한 것으로 88년 시점에 조직 내부 문서에서 이를 다루고 있다는 것은 논란의 여지가 없는 순도 높은 주사파 조직이라는 방증이었다.

필자는 담담히 인부노회의 성격에 대해 증언했다. 인부노회가 주사파 조직임이 분명해지면서 연쇄적으로 밀정과 같은 논리도 힘을 잃었다. 우연인지 모르겠지만 무성했던 관련 기사와 논의들도 거짓말처럼 사라졌다. 김순호 국장 문제에서 교훈을 찾자면 무엇보다 팩트와 공부의 중요성이다. 인부노회 사건은 주사파 운동권 문제에 어지간한 조회가 없으면 잘 모르는 사안이다. 덕분에 김순호 국장 문제가 터졌을 때 좌충우돌하고 당황했던 것 같다. 이럴 때 중요한 것은 사실을 추척하려는 실증주의적 태도이다.

운동권 문제의 결정적인 특징은 운동권과 관련된 여러 사실들이 체계적으로 은폐되었다는 점이다. 이는 상반된 두 가지 문제로 이어진다. 사실을 추척하려는 끈질긴 노력이 없다면 사태의 본질에 이를 수 없고, 은폐된 사실을 복원하는 것만으로도 많은 결실을 거둘 수 있다는 것이다.

부록
공개질의서

정청래 의원에게 보내는 1차 공개질의

저는 시민단체 길 대표 민경우라고 합니다. 정청래 의원의 민주화운동 경력에 대해 다음과 같이 공개질의합니다.

먼저 저는 독재정권에 맞서 한국의 민주화를 지킨 선배, 동료들에 대한 깊은 애정과 존경을 갖고 있고 그들의 숭고한 뜻이 온전히 전해져야 한다고 믿고 있음을 밝힙니다. 이를 위해 민주화운동이 보다 엄격히 정의되고 풍부히 토론되어야 한다고 판단하여 민주당 운동권 출신 국회의원들에게 순차적으로 공개질의를 하고자 합니다.

우선 정청래 의원에게 다음과 같이 질의합니다. 적절한 때 편리한 방식으로 답변해 주시길 바랍니다.

첫째, 민주화운동은 민주주의의 기본질서를 유린하는 독재정권에 맞서 민주헌정질서를 수호하는 운동으로 정의되어야 합니다. 그런 관점에서 본다면 89년 10월 13일 정청래 의원이 미 대사관저를 점거·방화하려다 미수에 그친 것은 민주화운동이라고 보기 어렵습니다.

이에 대한 정청래 의원의 답변을 듣고 싶습니다.

둘째, 첫째 질문과 연동하여 87년 직선제 합의로 민주화운동은 중요한 전기를 맞습니다. 87년 이후 전개된 다양한 운동 중 폭력을 사용했거나 친북적 자주통일운동을 전개했던 운동들은 민주화운동으로 분류하기 어렵다고 봅니다.

건대 85학번인 정청래 의원은 87년 6월 민주화운동 당시에는 대학 3학년으로 특별한 역할을 하지 않은 것으로 추정됩니다. 정청래 의원이 공개한 각종 저작들에는 주로 88년 건대 조국통일위원회 위원장, 89년 미 대사관저 점거·방화 등이 소개되어 있습니다.

위 기준에 따르면 정청래 의원의 두 가지 주요 운동 경력(88년 조통위원장, 89년 미 대사관저 점거) 등은 민주화운동 경력으로 보기 어렵습니다.

이에 대한 정청래의 의원의 생각은 어떠합니까?

셋째, 민주화운동은 공공선을 실천하기 위한 숭고한 투쟁으로 크든 작든 민주화운동에 참여했던 모든 사람들이 함께 향유해야 할 가치라고 생각합니다. 반면 정청래 의원은 다양한 장면에서 민주화운동의 성과를 부당하게 전용했습니다.

구체적으로 2016년 2월 국회 질문에서 안철수 의원에게 "6월 민주화운동 당시 어디에 있었느냐"며 민주화운동을 희화화한 바 있습니다.

앞에서 본인은 정청래 의원이 그런 질문을 할 자격조차 갖고 있지 않음을 지적한 바 있습니다. 그런 논리과 무관하게 정청래 의원의 질문은 민주화운동의 본질을 훼손하고 민주화운동에 참여했던 사람들의 의도를 왜곡·폄하한 것으로 생각합니다.

이에 대해 안철수 의원은 물론 민주화운동 관련자들 및 국민에게 사과할 용의가 있습니까?

2024년 1월 23일

시민단체 길 대표

민경우

이인영 전 통일부 장관에게 보내는 1차 공개질의서

이인영 전 장관의 민주화운동 경력과 관련하여 아래와 같이 공개 질의합니다. 편리한 때 편리한 방식으로 답변해 주시기 바랍니다.

첫째, 2020년 7월 23일 이인영 전 장관은 통일부장관 청문회에서 태영호 의원의 질문에 대해 "주체사상을 신봉한 적도 없고 지금도 아니다"라는 취지의 답변을 한 바 있습니다.

저는 다양한 경로를 통해 이인영 전 의원이 반미청년회의 일원이었다고 들은 바 있습니다. 반미청년회는 고대를 중심으로 형성된 주사파 혁명조직으로, 전대협을 사실상 배후조종한 것으로 알려져 있습니다.

제가 들은 바가 사실입니까? 이인영 장관은 주사파 지하조직 반미청년회의 일원이었습니까?

둘째, 학생운동 역사에서 85년 전학련 삼민투는 자신의 지향점을 민족민중민주, 간단히 삼민이라 주장하다가 87년 전대협의 강령에서는 85년 한민전 민족자주 선언을 계기로 자주민주통일로 바뀝니다. 전대협은 한국 최초로 자주민주통일을 강령으로 한 대중조직이었고 전대협 진군가에서도 투쟁의 목적으로 "민족의 해방을 위해"라고 적시한 바 있습니다.

자주민주통일은 주사파 정치강령을 순화해서 표현한 것으로 알고 있습니다. 전대협이 자주민주통일을 강령으로 했다면 전대협 1기 의장이었던 이인영 전 장관이 모를 리 없다고 봅니다. 요약하자면 이인영 전 장관이 주사파이거나 그에 가까운 것으로 판단합니다.

　　이에 대한 이인영 전 의원의 생각은 어떠합니까?

　　이인영 전 장관은 통일부장관이라는 막중한 직책을 수행한 바 있습니다. 우리는 책임있는 리더의 인생 궤적과 사상에 대해 보다 솔직한 정보를 알 권리가 있다고 믿습니다. 아무쪼록 후대의 역사를 위해 좀더 정직한 답변을 기대합니다.

　　적절한 때에 2차 공개질의서를 보내겠습니다.

2024년 1월 23일

시민단체 길 대표

민경우

임종석 전 비서실장에게 보내는 1차 공개질의서

저는 2024년 4월 총선에 출마하는 운동권 출신 국회의원들에게 순차적으로 공개질의하고 있습니다. 이에 임종석 전 비서실장에게 운동권 경력과 관련하여 1차 공개질의하고자 합니다. 편리한 시간에 편리한 방식으로 답변해 주시기 바랍니다.

임종석 전 실장은 1월 18일 MBC 라디오 「김종배의 시선집중」 인터뷰에서 "저는 제가 운동을 하려고 뛰어든 게 아니었고, 군부 쿠데타 세력이 우리 일상을 무너뜨리며 쳐들어온 것"이라며 "학교 앞 마당, 교실까지 쳐들어온 것이고, 정말 무섭고 도망가고 싶었지만 도망가지 않고 버티며 싸웠다"고 말한 바 있습니다.

이에 다음과 같이 질의합니다.

첫째, 위 인터뷰에 따르면 군부 쿠데타 운운하는 상황은 79년으로 보입니다. 79년 상황에서 군부 쿠데타 세력이 학교 앞마당, 교실까지 쳐들어온 일은 없었습니다. 임 전 실장은 당시 상황의 출처에 대해 보다 정확히 말해 주십시오.

둘째, 79년 당시 임 전 실장은 초등학교 6학년에 불과합니다. 그렇다면 초등학교 6학년 때 위와 같은 상황을 맞이했단 말입니까?

그러면서 한동훈 위원장에게 "본인 출세를 위해 바로 고시 공부를 한 것 아닌가. 저는 동시대 학교를 다닌 친구들, 선후배들에게 미안한 마음을 갖는 게 인간에 대한 예의가 아닐까 (생각한다)"라고 말한 바 있습니다.

민주화는 모든 사람을 위한 숭고한 투쟁입니다. 민주화운동을 했다고 해서 그걸로 다른 사람을 배척할 수 없다고 봅니다. 임 전 실장의 태도는 민주화운동의 숭고한 뜻에 배치된다고 보는데 어떻게 생각합니까?

2024년 2월 5일

시민단체 길 대표

민경우

민주유공자법의 졸속 입법을 중단해야 합니다

더불어민주당은 12월 14일 국회 정무위원회 전체회의에서 민주유공자 예우에 관한 법률(「민주화운동유공자법」)을 단독으로 의결한 바 있습니다. 여러 정황을 고려하면 법사위원회와 전체회의에서도 여야 합의 없이 무리하게 법안이 통과될 것으로 보입니다.

민주화운동동지회는 본 법안의 당사자로서 위 법안의 처리과정을 지켜보고 다양한 의견을 폭넓게 수렴한 바 있습니다. 이후 다시 쟁점이 될 것으로 보이기 때문에 뒤늦게라도 본 사안에 대한 입장을 내는 것이 필요하다고 판단하고 아래와 같이 우리의 의견을 전하고자 합니다.

첫째, 민주화운동과 관련된 법안을 통과시킴에 있어 다수당이 일방적으로 법안을 통과시키는 비민주적인 방식이 동원되는 것은 적당하지 않다고 생각합니다. 시간이 걸리더라도 충분한 논의를 거쳐 민주화운동이라는 이름에 걸맞은 바람직한 결론이 도출되기를 기대합니다.

둘째, 우리는 무엇보다도 유공자법이 적용되는 당사자들의 신원과 경력이 정확히 알려지기를 기대합니다. 민주화운동은 다른 무엇보다 명예를 중시하는 운동이고 미래 세대에게 모범이 되어야 할 무형의 가치를 담고 있습니다. 그럼에도 당사자들의 신원과 경력이 비밀에 부쳐진 채 그들에게 보상이나 혜택이 주어지는 것은 민주화운동의 본성에 맞지 않습니다.

셋째, 민주화운동과 민주화운동을 넘어 급진주의나 폭력과 연루된 다른 운동은 구분되어야 한다고 봅니다. 민주화운동동지회는 나름의 토론을 통해 민주화운동이란 민주헌정질서를 존중하는 기조 위에서 진행된 것이어야 한다고 결론을 내렸습니다. 이에 따르면 민주헌정질서의 틀 밖에서 진행된 운동, 가령 사회주의와 연관되어 있고 북한을 추종했던 일련의 운동들은 민주화운동과 구분되어야 한다고 생각합니다.

장기간 진행되었던 민주화운동은 민주주의를 열망했던 긍정적인 측면이 있다면 사회주의, 북한 추종과 같은 급진주의, 폭력적 방식으로 의사를 표출했던 부정적인 유산이 공존하고 있습니다. 우리가 민주화운동을 기념하고 예우한다는 것은 민주화운동의 긍정적인 요소, 부정적인 유산을 함께 고려하여 향후 대한민국의 민주주의를 건강하게 하기 위함인 만큼 민주화운동의 개념 정리는 반드시 필요한 작업이라고 생각합니다.

그런 면에서 「민주화운동유공자법」에서 남민전, 부산동의대, 민추위, 인혁당재건위, CA사건 등을 포함하는 것은 부적합하거나 심사숙고해야 할 부분이라고 생각합니다. 이번 기회에 민주화운동의 개념에 대한 심도 깊은 토론을 제안합니다.

넷째, 과잉보상·과잉예우를 경계해야 합니다. 대한민국은 많은 사람들의 피와 땀을 통해 건설되고 발전했습니다. 민주화운동도 나름의 역할을 했지만 민주화운동을 했던 당사자들 또한 건국과 산업화 등 다양한 영역에서 다른 방식으로 대한민국 발전에 기여 했으므로 그들의 공로도 충분히 존중되어야 합니다.

따라서 민주화운동에 대해서는 자신의 역할에 긍지와 자부심을 갖되 이를 돈으로 섣불리 보상하려는 태도는 자제되어야 합니다. 다른 영역의 사람들이 민주화운동을 했던 경력을 귀중히 생각해 준 것은 민주화운동 당사자들의 절제와 도덕적 우월성이 있었기에 가능했습니다.

민주화운동동지회는 민주화운동을 했던 여러 사람들이 다른 영역과 방향에서 대한민국 발전에 기여했던 사람들과 함께 할 수 있기를 진심으로 기대합니다. 금번 통과된 「민주화운동유공자법」의 예산 소요가 크지 않다고 들었습니다. 그렇다면 경제적 문제는 민주화운동 과정에서 우리가 그랬던 것처럼 모금을 통해 해결할 수 있다고 생각합니다.

민주화운동동지회는 민주화운동과 함께 청춘을 바쳤던 모든 동지들께 뜨거운 연대의 인사를 전합니다. 동시에 우리들의 투쟁과 헌신이 먼 후대에까지 아름답게 기억되기를 간곡히 희망합니다. 아울러 우리들의 투쟁과 헌신이 대한민국의 오늘을 있게 한 모든 사람들의 사랑과 축복 속에서 빛나기를 간곡히 희망합니다.

2023년 12월 27일

민주화운동동지회

민주화운동기념사업회를 고발한다

민주화운동기념사업회 산하 민주주의연구소에서 발간한 『한국민주화운동사 3』을 보고 있다. 『한국민주화운동사 3』은 무려 960쪽에 달하며 6월 민주화운동 과정을 자세히 묘사하고 있다. 여기에는 한국의 일급 학자·교수들이 참여하고 있다. 960쪽에 달하는 만큼 책은 상황을 시시콜콜 묘사한다. 그러나 960쪽 책 어디에도 주체사상, 한민전이라는 단어는 등장하지 않는다. 정말이다. 아무리 뒤져도 주체사상이나 한민전이라는 단어가 없다.

87년 서울대 인문대 학생회장이었고 87년 1년 내내 거리에서 살았던 나는 이 따위 책을 민주화운동의 정사라고 주장하는 자들을 역사의 법정에 고발한다. 이럴 거면 아예 쓰지 않는 것이 학자·지식인으로서의 기본 태도이다. 내가 겪었던 몇 가지 사실만 거론하면 다음과 같다.

86년 건대사태 이후 서울대 학생운동은 그야말로 쑥대밭이었다. 이때 CA였던 서울대 거대 써클이 주사NL을 받아들이고 구학련 잔당들이 가세하면서 그야말로 간신히 서울대 총학생회를 건설할 수 있었다.

1986년 4월 김세진·이재호 군의 분신, 1986년 10월 건대 사태에도 1986년 서울대 학생운동은 주사, NL로 정리되고 있었고 87년 서울대 단과대학 학생회장 거의 전부가 주사파였다. 두 명의 총학생회장을 비롯하여, 인문대·사회대·자연대 학생회장도 주사파였다. 기본적으로 서울대와 연고대가 그러했다.

중요한 것은 주사파가 어떤 역할을 했는가이다. 85~86년 레닌주의가 정립되면서 학생운동은 혁명, 그리고 돌과 화염병으로 무장했고, 양김씨가 주도하는 거리 민심과 충돌했다. 86년 하반기 한민전 방송의 집요한 설득과 운동의 대중화, 대중노선 강조를 87년 연고대 주사파 학생운동이 수용하면서 이른바 87년 6월 항쟁의 거리 국면이 창출된 것이다.

영화 「1987년」이 묘사하는 학생운동과 거리 대중의 긴밀한 결합은 실로 주체사상과 한민전 방송의 요구를 주사파 학생운동이 수용하면서 가능했고 이로부터 전대협이 만들어진 것이다.

요약하자면 전대협의 투쟁을 북한이 지지한 것이 아니고, 전대협의 투쟁과 북한의 요구가 우연히 들어맞은 것이 아니라 레닌주의의 과격성 대신 대중노선을 강조했던 북한의 주장을 남한 학생운동이 수용하면서 6월 민주화운동의 거리 국면이 창출되는 것이다. 따라서 6월 민주화운동은 주체사상·한민전 방송과 떼어 놓을 수 없는 긴밀한 관계를 갖는다.

학자들 그리고 6월 민주화운동에 참가했던 사람들은 북한, 주체사상, 한민전 방송과 민주화운동을 분리해서 묘사하는 경향이 있다. 그러면서 그들은 한편으로는 6월 민주화운동의 북한 기원을 교묘히 은폐하는 대신 다른 한편으로는 6월 민주화운동 과정에서 계승해야 할 점과 극복해야 할 점도 논점을 흐렸다.

사상과 노선은 총체적인 성격을 갖는다. 대중노선을 통해 학생운동의 진로를 근본적으로 바꾸었던 북한, 한민전, 주체사상을 두고는 허심탄회하게 돌아볼 필요가 있다. 그러지 않기 때문에 그들은 6월 민주화운동 평가에 대한 총체성을 잃고 제멋대로 상황을 정리하고 있는 것이다.

6월 민주화운동에서 평가해야 할 또 다른 지점, 북한과 사회주의권에서 연원한 또 다른 기원은 직접 민주주의 또는 항쟁론과 같은 것들이다. 또 많은 사람들이 6월 민주화운동을 미완의 혁명으로 보고 그것을 계승하는 또 다른 혁명이 있어야 한다고 주장한다.

요약하자면 6월 민주화운동에서 주체사상, 한민전, 북한이 강력한 영향을 미쳤고 여기에는 운동의 대중화, 항쟁론 등이 모두 포함된다. 그런데 주체사상, 한민전을 덮어두면 그에서 기원한 대중노선, 민중혁명 등에 대한 정직한 평가와 반성이 결여되는 것이다. 그리고 마치 그것이 북한과 아무런 관련이 없는 듯이 떠들고 있는 것이다.

민주화운동기념사업회 산하 한국민주주의연구소는 어용·관제 학자들이 무엇인가를 잘 보여주었다. 이것이 5공시절 당신들이 어용으로 몰아세웠던 바로 그 사람들과 무슨 차이가 있는가?

저자 소개

민경우

1965년 서울 출생으로 1984년 서울대 국사학과에 입학했고 1987년 서울대 인문대 학생회장을 지냈다. 95~2005년 90년대 주사파를 상징하는 범민련 남측본부 사무처장을 지냈고 이 과정에서 3번 구속되고 총 4년여의 수감생활을 했다.

2005년 무렵부터 생각이 바뀌기 시작하여 2009년 주사파를 비판하는 『진보의 재구성』을 썼다. 이에 대한 반응이 없자 2012년 사회운동을 접고 수학 강사로 일했다. 수학학원 민경우수학교육연구소를 운영한다.

2019년 조국사태를 계기로 사회운동에 복귀했고 중도보수성향의 시민단체 '길'의 대표로 있다. 현재는 수학 강사와 시민단체 대표의 역할을 병행하고 있다.

저서로는 『스파이 외전』과 『진보의 재구성』, 『86세대 민주주의』 등이 있다.